Alexa Mohl
NLP – Was ist das eigentlich?
Neurolinguistische Fähigkeiten im Überblick

Ausführliche Informationen zu weiteren Titeln von Alexa Mohl
sowie zu jedem unserer lieferbaren und geplanten Bücher
finden Sie im Internet unter
www.junfermann.de – mit ausführlichem Infotainment-Angebot
zum JUNFERMANN-Programm

Alexa Mohl

NLP
Was ist das eigentlich?

Neurolinguistische Fähigkeiten
im Überblick

Junfermann Verlag • Paderborn
2002

Copyright © Junfermannsche Verlagsbuchhandlung, Paderborn 2002

Covergestaltung: Heike Carstensen

Satz: La Corde Noire – Peter Marwitz, Kiel

Die Deutsche Bibliothek – CIP-Einheitsaufnahme

Mohl, Alexa:

NLP – Was ist das eigentlich? Neurolinguistische Fähigkeiten im Überblick / Alexa Mohl. – Paderborn: Junfermann, 2001.

ISBN 3-87387-500-4

ISBN 3-87387-500-4

Inhalt

Ja, NLP, was ist das eigentlich?
Etwa etwas Unmoralisches: Neue Laster propagieren?
Oder etwas Moralisches: Nützliche Lehren predigen?
Etwas für das Liebesleben: Neue Liebespillen?
Oder etwas für den Hausgebrauch: Nicht länger putzen?
Oder einfach ganz allgemein: Neue Lernprogramme?

Vorwort

Aus Amerika ist schon häufiger etwas nach Europa herübergekommen, was den überraschten Einwohnern der alten Welt zunächst nur als geheimnisvolle Abfolge von mehreren Großbuchstaben präsentiert wurde und sie zu der Frage nötigte: Was ist denn das? Und auch nicht selten fanden solche Neuerungen begeisterte Anhänger auf der einen und Skeptiker sowie Kritiker auf der anderen Seite.

In der vorliegenden Arbeit geht es darum, Ihnen das Neurolinguistische Programmieren (NLP) vorzustellen und Sie darüber zu informieren, was diese Neuerung in Psychologie, Pädagogik und Management Ihnen vermitteln kann. Der Zweck dieses Buches besteht darin, Sie zu einem Urteil zu befähigen, ob NLP etwas dazu beitragen kann, Ihre Fähigkeiten zu erweitern.

Dieses Buch ist für Menschen geschrieben, deren Aufgabe es ist, andere Menschen zu fördern, und die darüber hinaus daran interessiert sind, sich selber weiterzuentwickeln, Ziele im eigenen Leben zu erreichen, die auf die Art und Weise, wie wir in unserer Gesellschaft lernen gelernt haben, nicht so einfach zu erreichen sind. Inhalt dieses Buches ist, NLP zu beschreiben, Ziele der Arbeit mit NLP aufzuzeigen und die Methoden darzustellen, mit denen NLP arbeitet. Dabei geht es darum, Ihnen eine Entscheidung darüber zu ermöglichen, ob NLP dazu beitragen kann, Sie als Berater zu einer wirkungsvollen Therapie, Sie als Lehrer und Trainer zu einer erfolgreichen Lehrtätigkeit und Sie als Führungskraft zu einem effektiven Mitarbeiter-Coaching zu befähigen.

Bevor ich beginne, möchte ich Sie bitten, sich einen kurzen Moment zu fragen, ob es etwas gibt, was Sie ganz persönlich erreichen möchten, ein Ziel, das Sie haben, wobei NLP Sie eventuell unterstützen könnte, es zu erreichen. Das kann eine Fähigkeit sein, die Sie erwerben möchten, oder etwas, das Sie verbessern möchten, wobei Sie Ihre Kompetenz steigern möchten. Wenn Sie ein solches Ziel gefunden haben, können Sie es einfach notieren oder in Ihrem Gedächtnis behalten. Wenn Sie so etwas im Sinn haben, wird Ihnen vielleicht beim Lesen dieses Buches von Zeit zu Zeit bewußt, ob und wenn ja wie NLP Sie unterstützen kann, ein solches Ziel zu erreichen.

I. Was ist NLP?

Es ist ziemlich schwierig, NLP auf einen Begriff zu bringen oder mit ein paar kurzen Worten zu erläutern. Denn NLP ist eine junge Disziplin, und diejenigen, die NLP anwenden, haben sich bislang noch nicht auf einen Begriff geeinigt. Deshalb werden Sie in NLP-Büchern auch unterschiedliche Definitionsversuche finden.

NLP besteht darin, erfolgreiche Menschen zu modellieren.

Eine erste Definition von NLP bezieht sich darauf, wie NLP entstanden ist. Zwei junge amerikanische Wissenschaftler, der Mathematiker Richard Bandler und der Linguist John Grinder, haben Mitte der siebziger Jahre die drei damals erfolgreichsten amerikanischen Kommunikatoren, die Familientherapeutin Virginia Satir, den Gestalttherapeuten Fritz Perls und den Hypnotherapeuten Milton H. Erickson, in ihrer praktischen Arbeit studiert. Dabei haben sie die wirksamsten Kommunikationsformen ihrer Modellpersonen herausgefiltert, untersucht und so genau beschrieben, daß andere Menschen sie leicht lernen können. Was Bandler und Grinder gemacht haben, nennt man Modellieren oder englisch: modeling. Und aus diesem Grunde bezeichnet man NLP als Modeling. NLP untersucht und beschreibt erfolgreiche Verhaltensweisen von Menschen, die in irgendeinem gesellschaftlichen Bereich hervorragende Fähigkeiten entwickelt haben, mit dem Ziel, diese Fähigkeiten anderen beizubringen. Auf diese Weise werden erfolgreiche Wissenschaftler, erfolgreiche Führungskräfte, erfolgreiche Verkäufer und erfolgreiche Sportler modelliert, um anderen Wissenschaftlern, Führungskräften, Verkäufern und Sportlern diese Fähigkeiten zu vermitteln. Durch Modeling ist NLP entstanden und durch Modeling entwickelt sich NLP auch weiter. Deshalb trifft man NLP nicht nur im Bereich der Therapie an, sondern auch in der Pädagogik, dem Management und allen gesellschaftlichen Bereichen, in denen Höchstleistungen angestrebt werden.

NLP ist eine Kommunikationskunst

Ursprünglich hat sich NLP jedoch aus der therapeutischen Beratungspraxis entwickelt. Und in der Beratung von Menschen ist die Fähigkeit, die wir gute Kommunikation nennen, ganz besonders wichtig. Denn die Voraussetzung einer gelingenden
Beratung sind zwischenmenschliche Beziehungen, in denen die Betreffenden Vertrauen zueinander haben; es geht nämlich in diesem Zusammenhang um ganz persönliche Belange wie Selbsterkenntnis und die Bereitschaft, sich zu verändern und weiterzuentwickeln. Die ersten Fähigkeiten, die NLP zusammengetragen hat, waren deshalb
im wesentlichen Kommunikationsfähigkeiten. Das ist auch der Grund, weshalb in vielen Büchern NLP als Kommunikationskunst definiert wird.

Kommunikation beschränkt sich dabei nicht nur darauf, wie zwei Personen miteinander reden und sich während ihres Gesprächs aufeinander einstellen und bewegen, sondern auch darauf, wie Menschen zu unterschiedlichen Bereichen ihrer Gesamtpersön-
lichkeit in Beziehung treten oder mit unterschiedlichen Bestrebungen ihres
Seelenlebens Kontakt aufnehmen. Bei einer solchen Kommunikation geht es nämlich
auch um tiefgreifende Veränderungen der Persönlichkeit, der eigenen Persönlichkeit
im Selbstmanagement, der Persönlichkeit eines anderen Menschen in Beratungs- und
Coachingzusammenhängen. Mit Hilfe von NLP kann man sehr viel lernen, wenn man
sich selber weiterentwickeln will oder andere dabei unterstützen möchte. Denn NLP
versammelt viele verschiedene Lernstrategien, die auf unterschiedliche Problemstrukturen zugeschnitten sind.

NLP ist die Veränderung mentaler Verhaltensmuster

Wenn Sie sich eine Vorstellung von Veränderungsarbeit mit NLP machen wollen, wird
Ihnen das in der Regel nicht so leichtfallen. Am einfachsten kann ich Sie dabei unterstützen, indem ich den Begriff „Neurolinguistisches Programmieren" auseinander-
nehme. Das ist der häufigste Versuch, ein Vorverständnis von NLP zu vermitteln.
Worum es dabei geht, möchte ich Ihnen an meiner eigenen ersten Erfahrung mit NLP
deutlich machen.

Neuro ...

Was heißt Neuro..? Neuro bezieht sich auf die Tatsache, daß der gesamte Lebensprozeß
eines Menschen – seine Wahrnehmung, seine Gefühle, sein Denken, sein Verhalten,
seine Bewegungen, alle physischen Prozesse, auch Gesundheit und Krankheit – durch
neuronale Prozesse in seinem Gehirn gesteuert wird. NLP untersucht diese mentalen

Prozesse, vor allen Dingen solche, die dafür verantwortlich sind, daß Menschen ungewünschte Verhaltensweisen zeigen.

1985 hatte ich eine solche ungewünschte Verhaltensweise, nämlich ein Problem, aber auch mein erstes NLP-Buch auf dem Nachttisch neben meinem Bett. Mein Problem bestand darin, daß ich nach bestandener Führerscheinprüfung auf die Vorstellung, ein Auto selbständig zu lenken, mit zunehmender Angst reagierte. Ich hatte eine Autofahrphobie. Das NLP-Buch auf meinem Nachttisch hieß „Neue Wege der Kurzzeit-Therapie" und enthielt konkrete Anweisungen, was ich tun sollte, um meine Autofahrphobie zu bewältigen. Im ersten Schritt wurde ich angewiesen, das mentale Muster herauszufinden, das diese Angstreaktion hervorrief. Mit einfachen Worten: Ich sollte untersuchen, was in meinem Kopf vor sich ging, bevor die Angst auftrat.

Und dieses Muster fand ich auch heraus. Es begann damit, daß ich mit mir selbst redete. Ich sagte mir nämlich: „Alexa, du mußt Autofahren, sonst verlernst du es wieder und mußt noch mal Stunden nehmen." Der nächste Schritt war eine innere Vorstellung: Ich machte mir ein Bild von einer gefährlichen Verkehrssituation. So etwas hatte ich zwar noch nicht erlebt, aber ich stellte es mir vor ..., und daraufhin – das war der dritte Schritt – kam Angst in mir auf; und mit zitternden Knien, zugeschnürter Kehle und einem trockenen Mund stieg ich ins Auto. Damit hatte ich das Muster meiner Autofahrphobie herausgefunden, nämlich die Abfolge von 1. „innerem Dialog", 2. „Bild einer gefährlichen Verkehrssituation" und 3. „Gefühl von Angst".

... linguistisches ...

Was heißt linguistisch? Dieser Wortteil bezieht sich auf Sprache. In diesem Beispiel ist Sprache nur insofern von Belang, daß ich die Sprache benutze, um eine solche Untersuchung eines mentalen Musters durchzuführen. Und ich brauche die Sprache, weil ich nur mit ihrer Hilfe in der Lage bin, Ihnen das mitzuteilen. Darüber hinaus findet Kommunikation und Beratung wesentlich durch Sprache statt, und NLP hat für eine wirksame Kommunikation und Beratung bestimmte Sprachmodelle entwickelt, die in der Ausbildung vermittelt werden.

... Programmieren

Was heißt Programmieren? In meinem ersten NLP-Buch fand ich nicht nur Anweisungen zur Untersuchung des mentalen Musters meiner Autofahrphobie, sondern auch konkrete Hinweise zur Veränderung dieses Musters. Einer dieser Hinweise forderte mich auf, „den Sinneskanal zu wechseln". Meine Angst wurde offensichtlich durch das „Bild" der gefährlichen Verkehrssituation hervorgerufen. Diesen Sinneskanal (Sehen) sollte ich wechseln. Das brachte mich auf den Gedanken an das, was Knaben machen, wenn sie in den dunklen Keller geschickt werden, Bier oder Kohlen holen. Sie singen oder pfeifen. Also überlegte ich mir: Was könnte ich tun, anstatt mir ein Bild von einer gefährlichen Verkehrssituation zu machen? Ich könnte ein Lied singen. Und welches Lied könnte das sein? „Am Sonntag will mein Süßer mit mir segeln gehen." Diesen alten Schlager finden Sie vielleicht nicht besonders originell, aber er war es, der mir an dieser Stelle eben eingefallen ist.

An diesem Punkt meiner ersten NLP-Veränderungsarbeit war ich angelangt, als mein Partner nach Hause kam. Ich erzählte ihm, was ich gerade gemacht hatte, und dann vergaß ich das Ganze. Als ich mich wieder daran erinnerte, war ich auf der Autobahn, fuhr 150 und hatte vergessen, Angst zu haben. Diese kleine Übung hatte in der Tat bewirkt, daß sich mein mentales Muster vor dem Einstieg in das Auto verändert hatte. Auf die interne Aufforderung, Auto zu fahren, trat ganz offensichtlich nicht mehr das Bild einer gefährlichen Verkehrssituation auf, sondern etwas, was ein gutes Gefühl in mir wachrief, mit dem ich mich dann hinter das Steuer setzte. Inzwischen fahre ich ausgesprochen gerne Auto.

An diesem Beispiel ist Ihnen vielleicht schon deutlich geworden, was man mit NLP erreichen kann. Es geht darum, menschliche Probleme zu lösen. Man kann NLP auch begreifen als eine große Werkzeugtasche mit den vielfältigsten Problemlösungsstrategien, mit denen Menschen andere und sich selbst unterstützen können, Probleme der unterschiedlichsten Art zu bewältigen. Ursprünglich ist NLP aus der Beobachtung der Arbeit der drei erfolgreichsten amerikanischen Therapeuten entwickelt worden. Aber man kann die Möglichkeiten, die NLP eröffnet, nicht in die therapeutische Praxis einsperren. NLP ist mehr als eine Kurzzeittherapie. Es ist sehr schnell deutlich geworden, daß man mit NLP gerade Alltagsprobleme, die im Beruf und im Privatleben jedes Menschen auftauchen, überwinden kann. Und das ist dann nicht mehr Therapie, sondern „Lernen" oder einfach „persönliche Weiterentwicklung".

Vor allem das Verständnis des NLP als Modeling-Methode führte dazu, mit NLP nicht nur Probleme lösen zu wollen, sondern NLP für die Weiterentwicklung menschlicher Fähigkeiten zu nutzen, nicht Defizite zu überwinden, sondern besondere Fähigkeiten, die Menschen entwickelt haben, an andere Menschen weiterzuvermitteln. Damit wurde NLP gerade im Berufsleben und im Managementbereich interessant. NLP strebt nicht nur die Lösung menschlicher Probleme in der Therapie und im Coaching an, sondern zielt auf die Weiterentwicklung menschlicher Möglichkeiten, also auf die Entwicklung und Selbstentwicklung von Menschen.

Allgemeines Ziel des NLP

Probleme lösen

➠ psychische Probleme: *Therapie*

➠ berufliche Probleme: *Coaching*

➠ Alltagsprobleme: *Beratung*

Ziele erreichen

➠ Erfolgsstrategien lernen

➠ Weiterentwicklung menschlicher Potentiale

Und noch etwas anderes macht NLP jenseits des Bereichs von Therapie interessant: NLP geht davon aus, daß jeder Mensch seine eigene Welt aufbaut und daß es so etwas wie eine richtige und falsche oder eine normale und verrückte oder eine gesunde und kranke menschliche Welt nicht gibt. „Jeder Mensch funktioniert perfekt!" Von „Problemen" wird im NLP immer nur dann gesprochen, wenn eine individuelle Lebenswelt so gestaltet ist, daß der betreffende Mensch darin seine Ziele nicht erreichen kann. Die Aufgabe eines NLPlers besteht dann darin, diese Person zu unterstützen, ihre Welt so zu erweitern, daß Einschränkungen aufgehoben und die angestrebten Ziele erreicht werden können. Diese Grundannahme macht NLP zu einer Beratungsmethode, bei der Menschen, die Beratung suchen, nicht befürchten müssen, als beschränkt, unnormal, krank oder verrückt eingestuft zu werden. Es gibt keine Couch, auf die NLPler ihre Klienten legen, und kein NLPler tritt als weiser Mann oder weise Frau auf, mit dem Anspruch, alles besser zu wissen.

II. Wie arbeitet NLP?

NLP arbeitet mit der Vorstellungskraft. Im Gegensatz zu anderen Methoden der persönlichen Veränderung, in denen man entweder lange in der eigenen Vergangenheit graben oder lange üben muß, um eine Veränderung zu erreichen oder sich Veränderungen praktisch erarbeiten muß, setzt NLP die Vorstellungskraft ein, um neue Ziele zu erreichen.

Daß das funktioniert, liegt daran, daß unser Gehirn nur konstruieren kann. Ob Sie eine reale Erfahrung machen oder diese Erfahrung konstruieren, ist für Ihr Gehirn dasselbe. Für Sie als Person bedeutet es natürlich einen Unterschied, ob Sie eine Tasse Kaffee wirklich trinken oder sich nur vorstellen, die Tasse Kaffee zu trinken. Aber für Ihr Gehirn ist das der gleiche Prozeß.

Daß unser Gehirn nur konstruieren kann, können Sie in allen neurophysiologischen Lehrbüchern nachlesen. Aber es gibt auch menschliche Erfahrungen, die diesen Sachverhalt plausibel machen können. Und solche Erfahrungen machen auch Sie immer wieder. Beispielsweise erleben Sie alle 24 Stunden etwas, was Sie zum Zeitpunkt des Erlebens für wirklich halten, obwohl es der Umgebung, in der Sie sich zu diesem Zeitpunkt befinden, in keiner Weise entspricht. Was meine ich wohl? Träumen! Wenn Sie träumen, haben Sie Bilder, Sie hören etwas und fühlen etwas. Aber mit dem, was in Ihrem Schlafzimmer vor sich geht, hat das gar nichts zu tun.

Es gibt noch eine andere Erfahrung, an der Ihnen deutlich werden kann, wie schwer es zuweilen ist, zwischen Vorstellung und Realität zu unterscheiden. Ich meine manche, meist banale, aber in der Vergangenheit liegende Ereignisse. Vielleicht kennen Sie das? Ich bin einmal zu einem Seminarhotel gefahren und habe mir vorgestellt, auf dem Parkplatz zu parken. Als ich ankam, war der Parkplatz besetzt, und ich mußte mir einen Parkplatz in einer kleinen Nebenstraße suchen. Nach drei Tagen hatte ich erhebliche Mühe, wieder zu wissen, wo habe ich denn jetzt geparkt?

Wie gut Sie sich Vorstellungen machen können, das können Sie jetzt erfahren. Ich möchte mit Ihnen eine kleine Reise durch die fünf Sinne machen, bei der Sie erleben können, wie gut Sie mit Ihrer Vorstellungskraft arbeiten können. Wir machen eine kleine Reise ans Meer. Ich werde zuerst Dinge ansprechen, die Sie fühlen können, dann geht es um etwas, was Sie hören, dann kommen Bilder und zum Schluß Geruch und Geschmack.

Dazu möchte ich Sie jetzt bitten, es sich bequem zu machen in Ihrem Sessel oder wo immer Sie sich niedergelassen haben. Achten Sie darauf, daß Ihre Muskeln entspannt sind, so daß Sie eine kleine Weile so sitzen bleiben können, ohne Ihre Position ändern zu müssen. Und während Sie den folgenden Text lesen, achten Sie darauf, wie intensiv und klar die im Text angesprochenen Vorstellungen in Ihnen auftauchen:

Und jetzt möchte ich Sie bitten, sich vorzustellen,
Sie machen einen Spaziergang am Meer.
Es ist Sommer, Sie können die Wärme der Luft auf Ihrer Haut spüren,
während der Wind in Ihren Haaren spielt.
Sie gehen am Strand entlang, mit bloßen Füßen,
die mit jedem Schritt in den feuchten Sand einsinken.
Und während Sie einen Schritt nach dem anderen tun,
holen Sie zuweilen die auslaufenden Wellen ein
und umspielen Ihre Knöchel,
während dabei Ihr Fuß noch ein bißchen tiefer in den kühlen Sand einsinkt.
Und während Sie diesem Spiel der Wellen mit Ihren Füßen folgen,
können Sie hören, wie sie heranrollen,
sich zuweilen tosend überschlagen und heranschäumen,
in einem Rhythmus, in den hin und wieder
ein paar Möven sich mit ihren Schreien einmischen.
Und Sie bemerken, daß alle anderen Geräusche
an dieser Grenze zwischen Wasser und Land
auf eine merkwürdige Weise entrückt klingen.
Und während Sie noch darüber nachdenken,
wie unvergleichlich angenehm die Welt hier in Ihre Ohren klingt,
können Sie den Blick schweifen lassen,
über den Horizont, wo der Himmel das Meer berührt,
und die Farbe seiner Linie wahrnehmen.
Und während Sie darauf achten,
wie viele Schattierungen von Blau in Ihr Auge fallen,
die des Himmels und die des Meeres,
und wie das bewegte Wasser mit dem Licht der Sonne spielt,
können Sie eine leichte Brise auf Ihrem Antlitz spüren,

die den Duft des Meeres mitbringt
und auf Ihren Lippen den Geschmack von Salz zurückläßt.

Und während Sie diesen Augenblick mit Ihren Sinnen einfangen,
können Sie noch einmal den Blick über das Wasser schweifen lassen
und auf das Spiel der Wellen mit dem Strand lauschen,
die Luft auf Ihrer Haut spüren,
das Salz schmecken, das sie auf Ihren Lippen zurückläßt,
und das alles noch einmal voll auskosten,
diesen Augenblick,
bevor Sie sich verabschieden
und hierher zurückkommen.

Ich hoffe, daß es Ihnen auch beim Lesen dieses Textes gelungen ist, die entsprechenden Vorstellungen zu entwickeln. Einfacher ist es natürlich, sich einen solchen Text vorlesen zu lassen, die Augen zu schließen und die entsprechenden Vorstellungen hochkommen zu lassen. Die meisten Menschen können sich vor allem gute visuelle Vorstellungen machen, obwohl die Klarheit der Vorstellungsbilder von Person zu Person variiert. Es gibt zum Beispiel Maler, die ihre Bilder von einer inneren Vorlage abmalen können, und andere, deren innere Bilder nur ganz schwach zu erkennen sind. Ganz selten haben Menschen mit visuellen Vorstellungen Schwierigkeiten. Das liegt aber nicht daran, daß sie etwa keine hätten. Nein, sie haben Vorstellungsbilder, aber diese werden nicht bewußt. Wenn sie keine hätten, dann könnten sie ja nichts und niemanden wiedererkennen.

In der Regel können sich Menschen auch Körperempfindungen gut vorstellen. Wenn es dagegen um „auditive" Vorstellungen, also Geräusche, Töne, Klänge oder Worte geht, merken manche Menschen bei einer solchen Übung, daß das nicht so gut funktioniert wie das Sehen und Fühlen. Beim Riechen und Schmecken sagt in meinen Seminaren öfter mal jemand: Da habe ich gar nichts wahrgenommen. Insofern ist eine solche Reise durch die fünf Sinne auch ein Test, denn Menschen sind in einem unterschiedlichen Ausmaße in der Lage, sich Vorstellungen zu machen. Ich denke, daß solche Fähigkeiten wie andere auch in der Bevölkerung normal verteilt sind. Die große Mehrzahl der Bevölkerung kann sich mehr oder weniger gute Vorstellungen machen. Und es gibt Künstler, die ihre Vorstellungskraft außerordentlich weit entwickelt haben. Mozart konnte eine Sinfonie hören, bevor er sie aufschrieb. Aber auch Weinkoster und Meisterköche haben ihre olfaktorische, beziehungsweise gustatorische Vorstellungskraft außerordentlich weit entwickelt.

NLP arbeitet mit der Vorstellungskraft. In dieser kleinen Phantasiereise durch die fünf Sinne haben Sie herausgefunden, wie gut Sie sich Vorstellungen machen können. Die Frage ist jetzt. Wie kann man mit Hilfe der Vorstellungskraft lernen?

Denken Sie bitte einmal an irgend etwas, was Sie nicht besonders gut können. Nehmen Sie etwas Einfaches wie Ihrer Partnerin eine Bitte abschlagen, einen Vertreter abwimmeln oder eine Tischrede halten. Sie haben in der Vergangenheit schon oft die Erfahrung gemacht, daß Sie das nicht so besonders gut konnten. Wenn Sie jetzt daran denken, daß Sie gleich wieder so etwas machen müssen. Was meinen Sie, wie gut wird Ihnen das gelingen? – Sie werden mir zustimmen, daß die Wahrscheinlichkeit hoch ist, daß Sie das so gut wie das letzte Mal machen, nämlich nicht so besonders gut.

Denken Sie jetzt bitte an etwas, was Sie richtig gut können, zum Beispiel jemandem geduldig zuhören, Ideen finden, wenn Sie ein Problem zu lösen haben oder einem Mitarbeiter eine Aufgabe erklären. Wenn Sie jetzt daran denken, daß Sie gleich wieder so etwas machen müssen. Wie gut wird Ihnen das gelingen? – Sie werden mir wieder zustimmen, daß die Wahrscheinlichkeit hoch ist, daß Ihnen das so gut gelingt wie beim letzten Mal, nämlich sehr gut.

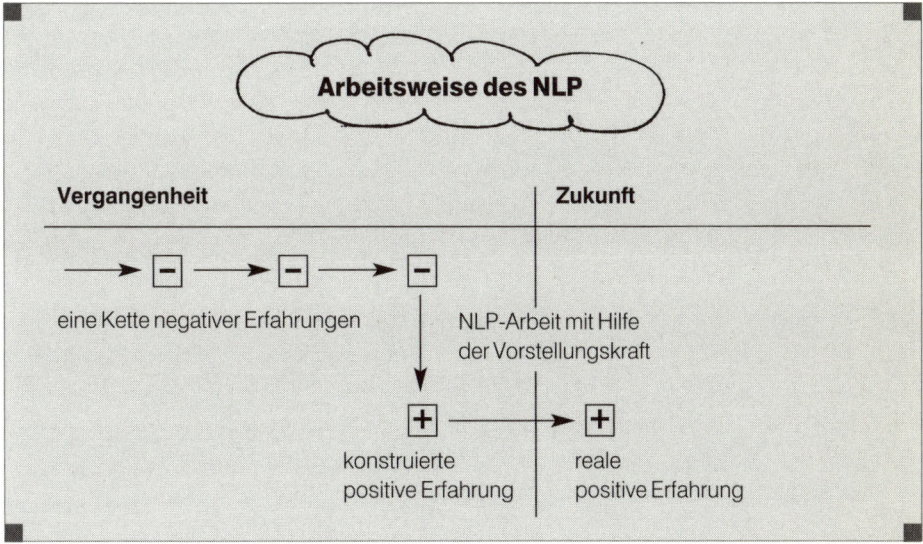

Lernen bedeutet eine praktische Veränderung individuellen Verhaltens auf bestimmte Reize, Signale, Objekte oder Situationen. Wenn Sie mit NLP lernen, werden Sie eine vergangene Situation, in der Sie sich Ihrer Meinung nach nicht gerade optimal verhalten haben, erst einmal mit Hilfe Ihrer Vorstellungskraft in eine Erfahrung verwandeln, in der Sie ein Ihren Kriterien gemäßes wünschenswertes Verhalten zeigen. Diese Veränderung läuft also erst mal nur in Ihrer Phantasie ab. Sie wird von Ihrem Gehirn jedoch genau so abgespeichert wie ein „reales" Verhalten, weil das Gehirn nur konstruieren kann. Wie groß wird jetzt Ihrer Meinung nach die Wahrscheinlichkeit sein, daß Sie sich das nächste Mal, in der nächsten „realen Situation", so wünschenswert verhalten können? Wenn die Prämisse stimmt, daß unser Gehirn keinen Unterschied zwischen einer realen und einer vorgestellten Erfahrung macht (und diese Prämisse stimmt), dann ist die Wahrscheinlichkeit, mit der das nächste Mal das gewünschte Verhalten auftritt, genau so groß, wie wenn Sie die konstruierte Erfahrung „real" gemacht hätten.

NLP verwandelt mit Hilfe der Vorstellungskraft eine negative Erfahrung in eine positive, die, obwohl konstruiert, genau so abgespeichert wird wie eine reale Erfahrung. Die Wahrscheinlichkeit, daß Sie aus der konstruierten Erfahrung lernen, ist genau so hoch wie die Wahrscheinlichkeit, mit der Sie aus einer realen Erfahrung lernen. Allerdings hängt die Lernwahrscheinlichkeit auch von der Qualität ab, in der Sie Ihre gewünschte Erfahrung konstruieren. Aber NLP sorgt dafür, daß sie in der Qualität einer realen Erfahrung entspricht.

III. Welche Fähigkeiten vermittelt NLP?

NLP vermittelt eine Reihe von Fähigkeiten, die weit über das hinausgehen, was Berater normalerweise lernen. Dazu gehören genaue Wahrnehmung, die Fähigkeit, mit Willen und Bewußtsein gute Beziehungen herzustellen, eine hochwirksame Fragetechnik, das Vermögen, direkt und indirekt zu kommunizieren, und die Kunst des Umdeutens. Solche Fähigkeiten sind nicht nur in Beratungszusammenhängen wichtig. Auch in Situationen beruflicher Kommunikation haben sie eine große Bedeutung.

1. Feinwahrnehmung

Wenn Menschen miteinander in Kontakt kommen, tauschen sie nicht nur Worte aus. Die wichtigsten Botschaften, die sie einander mitteilen, laufen auf der körpersprachlichen Ebene ab. Ein Blick oder eine Geste kann mehr sagen als tausend Worte. Menschen sind sensibel für körpersprachliche Signale. Aber körpersprachliche Kommunikation läuft in der Regel unterhalb der Bewußtseinsschwelle ab. Körpersprachliche Botschaften senden und empfangen wir selten bewußt. Wir gewinnen einen Eindruck, und zumeist können wir uns auch darauf verlassen, daß wir die Mimik oder Gestik eines Menschen richtig wahrnehmen und angemessen darauf reagieren. Es gibt aber Situationen im Leben, in denen es wichtig ist, mit Sicherheit zu wissen, daß wir uns in Reaktion auf nonverbale Botschaften angemessen verhalten. Deshalb lernen Führungskräfte zum Beispiel Kinesik: die Kunst, körpersprachliche Signale zu deuten. Die Interpretation von körpersprachlichen Botschaften ist eine Methode, nonverbale Kommunikation beherrschen zu lernen. Aber wenn Sie sich einmal mit Kinesik beschäftigt haben, wissen Sie auch, daß die einfache Interpretation von Körpersprache problematisch ist, und zwar deshalb, weil Körpersprache nie eindeutig ist, sondern in verschiedenen Situationen etwas anderes bedeuten kann. Vor der Brust verschränkte

Arme kann Verschlossenheit bedeuten oder aber, daß einem kalt ist oder auch schlicht eine bequeme Haltung sein.

a. Wahrnehmung von Physiologien

NLP vermittelt keine Interpretation von körpersprachlichen Botschaften. Im NLP lernen Sie sogar, das Deuten von Körpersprache zu vermeiden. Mit NLP lernen Sie Feinwahrnehmung. Diese Fähigkeit besteht darin, Ihre Aufmerksamkeit bewußt auf das zu lenken, was Sie sinnlich konkret wahrnehmen können. Sie konzentrieren Ihre Aufmerksamkeit bewußt darauf, wie sich während eines Gesprächs beispielsweise die Gesichtsfarbe Ihres Gesprächspartners, die Muskelspannung und Faltenbildung, die Blickrichtung der Augen, der Lidreflex und seine Atmung verändern, wie er sich bewegt oder wie seine Stimme in der Tonlage, der Klangfarbe, Lautstärke und im Sprechtempo variiert. Auf diese Weise bekommen Sie in der Kommunikation mit anderen Menschen auf jeden Fall mehr bewußte Informationen, als wenn Sie sich weiterhin nur auf Ihre Eindrücke verlassen.

Wenn Sie gelernt haben, Ihren Aufmerksamkeitsfokus auf das zu richten, was Sie sinnlich konkret wahrnehmen, besteht der nächste Schritt darin, eine Beziehung herzustellen zwischen dem, was Ihr Gegenüber gerade denkt oder fühlt, in welchem Zustand er sich gerade befindet und: wie er dabei aussieht. Einen solchen spezifischen Zustand eines Menschen nennen Mediziner und Psychologen seine Physiologie, die Sie auf diese Art und Weise von außen erkennen lernen. Physiologie ist eigentlich die Lehre von den normalen Lebensvorgängen. Wenn Sie unterschiedliche innere Zustände von Menschen von außen unterscheiden lernen, erwerben Sie die Fähigkeit, sich auf ihre Physiologie einzustellen. Mütter besitzen diese Fähigkeit gegenüber ihren Kindern. Liebende stellen sich so aufeinander ein. Sie eichen sich darauf, wie ihr Gegenüber aussieht, wenn er ärgerlich ist, und sie nehmen wahr, wie er aussieht, wenn er fröhlich ist. Sie brauchen darüber keine Worte zu verlieren. Sie können von der äußeren Mimik mit absoluter Sicherheit auf den inneren Prozeß zurückschließen. Diese Fähigkeit heißt im NLP kalibrieren.

Sie können in einer kleinen Übung herausfinden, wie gut Sie so etwas schon können. Dazu brauchen Sie nur einen Partner oder eine Partnerin, die oder der bereit ist, mit Ihnen so etwas zu machen. Wenn Sie jemanden gefunden haben, bitten Sie diese Person, an jemanden zu denken, den sie mag, aber nicht nur abstrakt an jemanden zu denken, sondern sich dabei alles vorzustellen, was sie in Gegenwart dieser ihr angenehmen Person sieht, hört und fühlt. Bitten Sie Ihre Versuchsperson, mit dem Kopf zu nicken, wenn die Vorstellung in allen Sinneskanälen da ist, und beobachten Sie die Mimik Ihrer Versuchsperson und merken Sie sich diese.

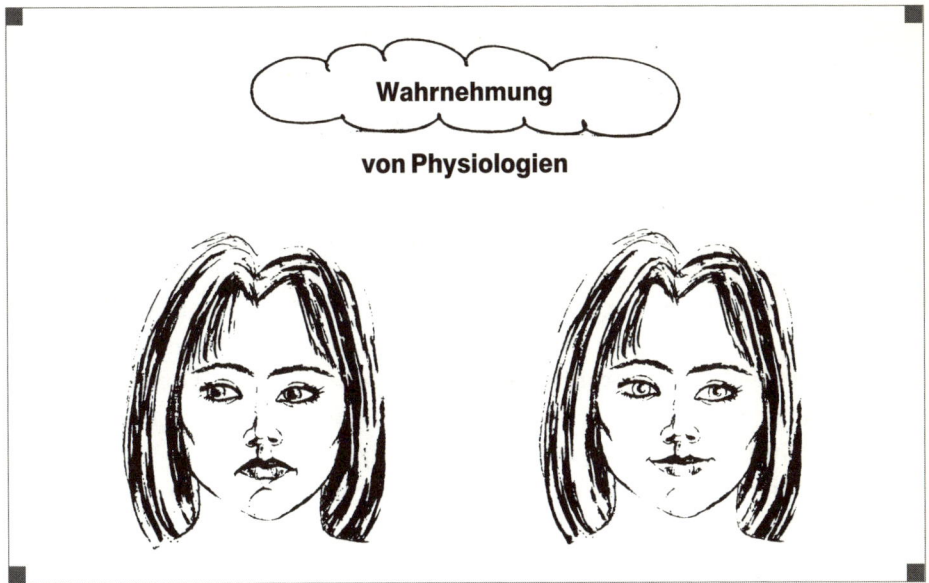

Danach bitten Sie Ihre Versuchsperson, an jemanden zu denken, den sie nicht mag, sich wieder alles in Erinnerung zu rufen, was sie in Gegenwart dieser Person sieht, hört und fühlt, und wieder mit dem Kopf zu nicken, wenn das Erleben voll da ist. Sie beobachten wieder die Mimik Ihrer Versuchsperson und stellen die Unterschiede zur ersten Situation fest.

Danach stellen Sie Ihrer Versuchsperson Fragen, zum Beispiel, welche Person ist größer, welche ist schwerer, älter, reicher, welche hat eine tiefere Stimme, welche ist besser gekleidet, welche wohnt weiter weg und so weiter. Ihre Versuchsperson hat dabei die Aufgabe, auf Ihre Fragen an die betreffende Person zu denken, aber dabei zu schweigen. Wenn Sie sich wirklich auf die Sympathie/Antipathie-Physiologie Ihrer Versuchsperson kalibriert haben, müßten Sie an der Mimik erkennen können, an welche Person Ihre Versuchsperson auf Ihre Fragen denkt.

Kalibrieren ist eine wichtige Fähigkeit, wenn Sie Menschen beraten. Sie können dann nämlich Ihre Arbeit mit dem Klienten während ihres Verlaufs und einen erfolgreichen Abschluß von außen erkennen. Dazu brauchen Sie sich bloß zu merken, wie Ihr Klient aussieht, wenn er über sein Problem spricht, und welche Physiologie er zeigt, wenn Sie ihn dazu veranlassen, über sein Ziel nachzudenken. Und Sie können beim Abschluß einer Beratung von außen sehen, ob Ihr Klient eine Problem- oder eine Zielphysiologie zeigt. NLPler lernen, sich während des gesamten Verlaufs ihrer Beratungsarbeit an der Physiologie ihres Gegenübers zu orientieren, so daß sie nicht auf verbale Rückmeldungen ihrer Klienten angewiesen sind, sondern wichtige Informationen über die wechselnden Zustände ihres Gesprächspartners nonverbal bekommen, und das zumeist, bevor der Gesprächspartner sich darüber selber im klaren ist.

Kalibrieren ist auch in vielen beruflichen Situationen wichtig, nämlich immer dann, wenn Menschen aus welchen Gründen auch immer, Ihnen nicht sagen, was sie denken, obwohl es für Sie wichtig ist. Zum Beispiel gehört die Mitteilung von Schwierigkeiten und Problemen nicht zu den selbstverständlichen Inhalten zwischenmenschlicher Kommunikation im Berufsleben. Schwierigkeiten und Probleme werden zurückgehalten, entweder bis man sie selbständig gelöst hat oder ihre Existenz nicht mehr zu verheimlichen ist. Dann ist es aber häufig für ein korrigierendes Eingreifen zu spät. Sensible Problemwahrnehmung gehört deshalb zu den wichtigen kommunikativen Fähigkeiten von Führungskräften, die vermittelt und trainiert werden müssen. Darüber hinaus muß jede Führungskraft über die Fähigkeit verfügen, zu erkennen, wie ihre Informationen von den Mitarbeitern verarbeitet werden. Auch für Pädagogen ist Kalibrieren eine wichtige Fähigkeit. Lehrer erkennen dann nicht erst bei Klassenarbeiten, ob ihr Lehrstoff von ihren Schülern verstanden wurde.

Auch an einem anderen Beispiel läßt sich die Wichtigkeit genauer Wahrnehmung deutlich machen. Sie alle kennen den Satz: „Wissen ist Macht". Damit ist auch sein Gegenstück, „Nichtwissen ist Ohnmacht" gleichermaßen verbreitet, wenn auch nicht ausdrücklich. Es gibt viele Menschen in unserer Gesellschaft, die nicht gerne Fragen stellen, weil Fragen stellen „nicht wissen" bedeutet und „nicht wissen" bedeutet „unten sein", einen niedrigen Status einnehmen. So verschwenden viele Menschen lieber Zeit, Energie oder Geld, als zuzugeben, daß sie etwas nicht wissen, fahren lieber stundenlang durch eine fremde Stadt, um eine unbekannte Straße selber zu finden, als nach dem Weg zu fragen, oder sie studieren nächtelang Nachschlagewerke, um ein Computerprogramm selbst zu installieren, als einen Experten hinzuzuziehen. Eine Führungskraft in der freien Wirtschaft kann es sich aber nicht leisten, keine Kenntnis davon zu haben, was ihre Mitarbeiter nicht wissen, nicht können oder nicht verstanden haben. Sie müssen es in Erfahrung bringen, auch wenn ihre Mitarbeiter darüber nicht sprechen.

Auch in einem anderen wirtschaftlichen Bereich gehört die genaue Wahrnehmung körpersprachlicher Signale zu den unabdingbaren Fähigkeiten des Erfolgs. Ein Verkäufer, der die Ja- und Nein-Reaktionen seiner Kunden erkennt, auch wenn diese sich mit Worten nicht äußern, verfügt trotzdem über die nötigen Hinweise auf eine angemessene Vorgehensweise im Verkaufsgespräch. Wenn genaue Wahrnehmung eine spontane Aktivität des normalen Verhaltensrepertoires eines Verkäufers darstellt, wird er bereits das Ausmaß an Interesse festgestellt haben, bevor er einen Kunden überhaupt anspricht. Er wird bei der Informationssammlung die wichtigsten Bedürfnisse und Vorlieben leicht erkennen und ohne verbale Rückmeldung wissen, welche Gesichtspunkte bei der Produktpräsentation besonders betont werden müssen. Er erhält Hinweise darüber, welche Gesichtspunkte er nicht weiter ausführen sollte, er erkennt Einwände, auf die er besonders eingehen sollte, um zu einem Verkaufsabschluß zu kommen, der die Bedürfnisse des Kunden optimal befriedigt.

b. Wahrnehmung von Wahrnehmungsebenen

Nicht nur am körpersprachlichen Selbstausdruck eines Menschen, sondern auch am sprachlichen Selbstausdruck kann man wichtige Informationen über interne Prozesse von Menschen ablesen, die in der Kommunikation eine wichtige Rolle spielen können. Um das herauszufinden, möchte ich Ihnen das folgende Beispiel von Meinungsverschiedenheiten vorstellen, bei dem Sie herausfinden können, worauf diese beruhen.

Drei Leute haben dasselbe Buch gelesen und äußern sich wie folgt:

Die erste Person sagt: *Also ich finde, daß das Buch in einem glänzenden Stil geschrieben ist. Aufbau und Durchführung des Themas sind klar und deutlich gegliedert und ermöglichen damit einen guten Überblick. Die Beispiele sind gut gewählt, um das Thema zu illustrieren.*

Die zweite Person hält dagegen: *Also dem kann ich überhaupt nicht zustimmen. Der Autor spuckt ziemlich große Töne und schreibt einen ausgesprochen schrillen Prosastil. Und das, was zwischen den Zeilen steht, hört sich ganz schön nach Lobhudelei an. Wenn man als Autor so auf die Pauke haut, soll man sich hinterher nicht wundern, daß man ins Gerede kommt.*

Und auch die dritte Person vertritt eine abweichende Meinung: *Ich weiß nicht, ich habe eher das Gefühl, daß der Autor eine sehr ausgewogene Art hat, sich mit einem so wichtigen Thema auseinanderzusetzen. Ich kann voll akzeptieren, daß er hin und wieder etwas kräftig an ein paar Vorurteilen rüttelt, um die Leute aufzuschrecken. Er will ja schließlich Anstöße geben, damit sich endlich etwas bewegt. Und wenn er sich dabei auch selber ein bißchen aufspreizt, wen kratzt das?*

Für Meinungsverschiedenheiten kann es viele unterschiedliche Gründe geben: unterschiedliche Erfahrungen, unterschiedliche Interessen, unterschiedliche Einstellungen und vieles andere mehr. Wenn Sie eine NLP-Grundausbildung gemacht haben, werden Sie einen weiteren wichtigen Grund herausgehört haben, warum diese drei Leute über dieses Buch eine so unterschiedliche Meinung haben.

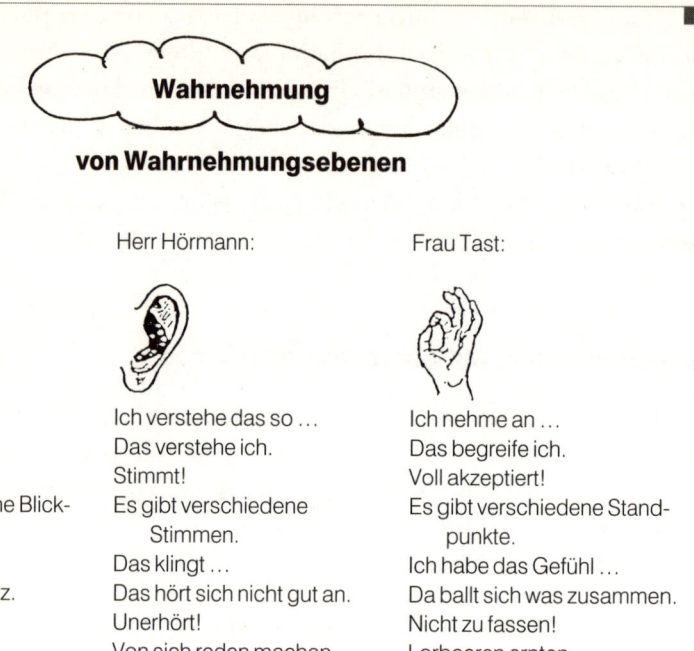

Wahrnehmung

von Wahrnehmungsebenen

Frau Seher:	Herr Hörmann:	Frau Tast:
Ich sehe das so …	Ich verstehe das so …	Ich nehme an …
Das ist mir klar.	Das verstehe ich.	Das begreife ich.
Völlig klar!	Stimmt!	Voll akzeptiert!
Es gibt verschiedene Blickwinkel.	Es gibt verschiedene Stimmen.	Es gibt verschiedene Standpunkte.
Mir scheint …	Das klingt …	Ich habe das Gefühl …
Da sehe ich schwarz.	Das hört sich nicht gut an.	Da ballt sich was zusammen.
Sehe ich recht?	Unerhört!	Nicht zu fassen!
Aufsehen erregen.	Von sich reden machen.	Lorbeeren ernten.
Sein Licht nicht unter den Scheffel stellen.	Große Töne spucken.	Sich aufspreizen.
Daran gibt es nicht den Schatten eines Zweifels.	Stimmt Wort für Wort.	Daran gibt es nichts zu rütteln.
An der Spitze stehen.	Den Ton angeben.	Am Ruder sein.

Menschen nehmen laufend mit ihren fünf Sinnen Informationen aus ihrer Umwelt auf. Man kann jedoch feststellen, daß sie häufig ein Sinnessystem bevorzugen. So gibt es Menschen, die überwiegend mit ihren Augen in der Welt sind. Denen entgeht nichts, was es zu sehen gibt. Andere holen sich wesentliche Informationen überwiegend mit den Ohren. Sie hören auch alle leisen Zwischentöne. Und wieder andere haben sich auf Fühlen spezialisiert. Für sie ist wichtig, wie sich etwas anfühlt. Diese Form selektiver Wahrnehmung kann zu Kommunikationsproblemen führen, in beruflichen ebenso wie in privaten Beziehungen.

Josef Weiß berichtet von einem sehr fähigen Universitätsmitarbeiter, der aus Frustration die Stelle wechselte. Obwohl man ihm oft sagte, wie wertvoll seine Arbeit für das Institut sei, kam dieses Lob nie richtig bei ihm an. Er tat es ab mit dem Hinweis: „Der Vorgesetzte kann ja viel erzählen, wenn der Tag lang ist!" Unbewußt akzeptierte er nur kinästhetisch ausgedrücktes Lob. Ein Schulterklopfen oder ein dankbarer Händedruck hätten seine Frustration aufgelöst und dem Institut seine Mitarbeit erhalten.

Ein anderes Beispiel, das mir von den Betreffenden selbst berichtet wurde: In einem Maschinenbau-Unternehmen hatte eine Projektgruppe ein Innovationsvorhaben zu präsentieren. Die beteiligten Mitglieder gaben sich sehr viel Mühe, ihr Vorhaben mit Hilfe von Detailzeichnungen, Übersichten, Tabellen, Kurven, Graphiken etc. zu visualisieren und auch logisch und sprachlich gut aufgebaute, in der Argumentation stringente Texte vorzutragen, um ihren Zuhörern ein gutes Verständnis zu ermöglichen. Einen der vorgesetzten Manager konnten sie jedoch nicht zufriedenstellen. Alle Argumente und auch mehrere visuelle Versuche, die erfragten Zusammenhänge darzustellen, scheiterten. Nach langem Hin und Her bedeutete er ihnen, ihre verbalen und visuellen Bemühungen, seine Frage zu beantworten, aufzugeben, veranlaßte alle Anwesenden, in die Halle zu gehen, wo der Prototyp stand, griff dort mit den Händen in die Maschine und hatte verstanden. Dieser Manager mußte be„greifen", um zu verstehen.

Ein Ehepaar aus meinem Bekanntenkreis hatte lange Zeit ein nicht sehr schwerwiegendes, aber ärgerliches Problem. Die Frau warf ihrem Mann vor: „Du hörst mir nicht zu!" Dieser wehrte sich ganz aufrichtig; denn er hörte ihr zu, wenn sie mit ihm sprach. Er lieh ihr sein Ohr, aber: Er schaute sie dabei nicht an. Für die visuelle Frau war es wichtig, beim Zuhören angeschaut zu werden. Sonst glaubte sie es nicht.

In der NLP-Literatur wird ein weiterer Paarkonflikt geschildert zwischen einer visuellen Frau und einem kinästhetischen Mann. Sie fühlte sich in der gemeinsamen Wohnung nur wohl, wenn alles an seinem Platze war. Er fühlte sich in der gemeinsamen Wohnung nur wohl, wenn er sie bewohnen durfte, und ich kann mir vorstellen, daß er die für Ordnungsliebende nicht gerade selten zu entdeckende Fähigkeit besaß, eine aufgeräumte Wohnung binnen zehn Minuten in eine Sondermülldeponie zu verwandeln. Ihnen wird klar sein, daß beide für einander kein Verständnis aufbringen können. Er ist für sie unerträglich schlampig. Sie ist für ihn unerträglich pingelig. Für einen Berater keine einfache Aufgabe.

Vor einiger Zeit geriet eine Frau meiner Bekanntschaft immer wieder in Zweifel über die Gefühle eines neuen Partners. Ich wunderte mich darüber, weil es meines Erachtens sehr viele praktische Zeugnisse seiner Zuneigung gab. Er renovierte ihr die ganze Wohnung und half ihr bei der Einrichtung, stellte ihr eine Super-Küche hin und montierte ihre Bücherregale. Als ich sie irgendwann auf diesen praktisch sichtbaren Einsatz als Zeichen seiner Gefühle für sie hinwies, reagierte sie verständnislos: Das sei sicher alles schön und gut, erfreue sie auch und mache sie dankbar, aber das bedeute noch lange nicht, daß sie geliebt werde. Im weiteren Verlauf unseres Gesprächs wurde deutlich: Wenn ein für sie wichtiger Mensch ihr nicht sagt, daß er sie liebt, dann glaubt sie es nicht. Sie muß es hören.

Ein solches Beziehungsproblem, das auf unterschiedlichen Wahrnehmungspräferenzen beruht, ist gar nicht so selten. Es gibt Menschen, die sichtbare Zeichen von Liebe brauchen (was die Werbung reichlich ausnutzt). Andere wollen hören, daß sie geliebt werden. Man muß es ihnen immer wieder sagen. Und dritte werden unruhig, wenn sie es nicht immer wieder fühlen können. Haben Partner unterschiedliche Wahrnehmungsebenen, in denen sie „lieben" und „geliebt werden" repräsentieren, kann es schwierig werden. Einem kinästhetisch ausgerichteten Menschen kann es sehr auf die Nerven gehen, immer wieder sagen zu müssen, daß er den Partner liebt. Ein Mensch mit auditiver Präferenz kann enttäuscht sein, wenn der Partner kein Vertrauen hat und ständig sichtbare Zeichen der Liebe verlangt. Für den anderen Partner stellt sich dieser Zusammenhang jedoch anders dar: Wenn solche Zeichen im richtigen Wahrnehmungskanal ausbleiben, werden sie unsicher und beginnen, an der Liebe des Partners zu zweifeln.

Haben Sie schon mal darüber nachgedacht, auf welchem Kanal Sie die Information, geliebt zu werden, empfangen müssen, um es glauben zu können: Brauchen Sie sichtbare Zeichen, müssen Sie es hören, oder müssen Sie es fühlen? Und überprüfen Sie jetzt einmal, ob Sie wissen, auf welchem Kanal Sie Ihrem Partner oder Ihrer Partnerin Botschaften von Liebe, Wertschätzung und Anerkennung senden sollten, um sichergehen zu können, daß sie ankommen und auch so gewertet werden.

Sie werden keine Probleme haben, wenn Sie sich aller drei Wahrnehmungsebenen bedienen. Wenn Sie wichtige Botschaften wie Anerkennung und Liebe sowohl zeigen, hören und fühlen lassen, können Sie nichts falsch machen. Manchmal aber, ich denke in engen persönlichen Verhältnissen und in der Beziehung zu Menschen im Berufsleben, mit denen Sie direkt zusammenarbeiten, könnte es sinnvoll sein, zu wissen, auf welcher Wahrnehmungsebene Botschaften empfangen und verarbeitet werden.

Wahrnehmungspräferenzen bestimmen durch Prädikate

Eine solche Identifizierung einer bevorzugten Wahrnehmungsebene ist nicht schwierig, denn Menschen beschreiben ihre Erfahrungen, wie sie diese wahrgenommen haben. Die Wörter, mit denen jeder von uns sich ausdrückt, zeigen an, welche Sinne wir beim Erleben bevorzugt benutzen. Jeder Zuhörer kann das leicht feststellen, wenn er in dem, was ein anderer sagt, auf die Verben, Adverbien und Adjektive achtet. Solche Wörter (beim NLP Prädikate genannt) zeigen häufig an, ob es sich in dem Bericht um sehen, hören, fühlen, riechen oder schmecken handelt. Es gibt auch Redewendungen, die eine sinnesspezifische Wahrnehmung anzeigen, zum Beispiel „eine gute Aussicht" haben, „in Anspruch genommen sein", „elektrisiert sein", „etwas gerochen haben" oder „etwas geschmacklos finden".

In vielen beruflichen Situationen ist es sinnvoll, Wahrnehmungsebenen zu erkennen: Zum Beispiel ist es für Verkäufer wichtig, zu wissen, auf welcher Wahrnehmungsebene der Kunde sich befindet. Der Verkäufer kann sich auf diese Wahrnehmungsebene einstellen, die Bedürfnisse so sehen wie der Kunde, seine Sprache sprechen oder auf die Entscheidung genauso gespannt sein wie dieser. Sowohl bei der Bedarfsermittlung, bei der Angebotspräsentation als auch bei der Entscheidung kann der Verkäufer im bevorzugten Sinneskanal des Kunden agieren und reagieren und diesem damit nicht nur das Gefühl vermitteln, genau verstanden zu werden, sondern sich tatsächlich Zugang zu den internen Vorgängen des Kunden verschaffen und ihn deshalb optimal beraten.

Das gleiche gilt für Führungskräfte. Die bevorzugten Wahrnehmungsebenen von Mitarbeitern zu kennen bedeutet, Mißverständnisse zu vermeiden. Denn im betrieblichen Alltag geht es häufig darum, Mitarbeiter über Aufgaben und Ziele in Kenntnis zu setzen und diese Botschaften so zu kommunizieren, daß sie auf der anderen Seite so ankommen, wie sie gemeint sind. Wenn der Mitarbeiter sich aber von der Aufgabe oder dem Ziel nicht das Bild macht, das der Vorgesetzte ihm ausmalt, sondern sich bestimmte wörtliche Formulierungen einprägt oder ein Gefühl, zum Beispiel vom fertigen Produkt, wie er es in Händen hält, entwickelt, entstehen ganz unterschiedliche Vorstellungen von dem, was es zu erreichen gilt. So hat nicht nur jeder sein eigenes Ziel im Kopf, sondern das Resultat kann sich von dem, was der Vorgesetzte gemeint hat, sehr unterscheiden. Aufgaben und Ziele auf der Wahrnehmungsebene des Adressaten zu formulieren bedeutet, präzise Angaben zu machen und Unsicherheit und Konfusion zu vermeiden.

In der Pädagogik hat man inzwischen die Bedeutung der Wahrnehmungsebenen erkannt. Auch wenn Sie Trainer sind, wissen Sie, daß es nicht viel bringt, wenn Sie Ihren Zuhörern etwas nur mit Worten beschreiben oder erklären. Sie benutzen auch Medien, um das zu zeigen. Und Sie wissen, daß die Teilnehmer auch immer etwas machen müssen, um es zu begreifen.

Wahrnehmungspräferenzen bestimmen durch Augenmuster

In welchem Wahrnehmungssystem ein Mensch gerade mit etwas intern beschäftigt ist, kann man auch an seinen Augen ablesen. Sie haben sicher schon einmal wahrgenommen, daß Menschen beim Nachdenken, zum Beispiel über eine Frage, ihre Augen mehr oder weniger deutlich sichtbar in unterschiedliche Richtungen bewegen. Eine genauere Prüfung ergibt dabei, daß die Augen, je nachdem, ob die Betreffenden intern mit Bildern, Geräuschen oder Gefühlen beschäftigt sind, in verschiedene Ebenen des Gesichtsfeldes blicken. Bei einer Blickrichtung nach oben werden Bilder erzeugt, bei einer Blickrichtung waagerecht geradeaus werden Geräusche hervorgebracht und bei einer Blickrichtung nach unten rechts Gefühle, nach unten links innere Dialoge. Eine weitere Unterscheidung besteht darin, daß in der oberen und der waagerechten Blickrichtung auf der linken Seite visuelle bzw. auditive Erinnerungen reaktiviert werden, auf der rechten Seite Bilder und Geräusche konstruiert werden. Dieses Muster wurde überwiegend bei normal organisierten Rechtshändern entdeckt.

Die Wahrnehmungstypen

Es gibt Menschen, die in bestimmten Situationen bestimmte Sinneskanäle bevorzugen, und es gibt Menschen, die ganz allgemein einen bestimmten Sinneskanal bevorzugen. Bei diesen Menschen spricht man von Wahrnehmungstypen. Die Fähigkeit, Wahrnehmungstypen zu erkennen, lohnt sich ganz allgemein, weil Sie damit Anhaltspunkte haben, das Anderssein anderer Menschen einzuschätzen. Sie wissen dann beispielsweise als visuelle Frau, die über einen enormen Reichtum an inneren Bildern verfügt und besonderen Wert darauf legt, wie etwas aussieht, daß es an der Bevorzugung eines anderen Sinneskanals liegt, wenn Ihr auditiver Nachbar gar nicht bemerkt, daß Sie eine neue Frisur haben, und überhaupt ziemlich introvertiert ist, und ihr kinästhetischer Kollege in abgetragenen Klamotten herumläuft und Ihnen die Hand bei der Begrüßung zusammenquetscht. Wenn Sie Wahrnehmungstypen erkennen können, lernen Sie, das Anderssein anderer genauso anzuerkennen und zu schätzen wie Ihre eigenen Besonderheiten, die sich aus einem bevorzugten Wahrnehmungskanal ergeben.

Außerdem: Wenn Sie wissen, welches System Ihr Gegenüber bevorzugt benutzt, dann können Sie sich in der Kommunikation daran orientieren. Sie können seine Sprache sprechen und sich praktisch auf seine Vorlieben einstellen. Das ist beispielsweise im Kundenkontakt wichtig. Einem visuellen Menschen müssen Sie viel zeigen, mit einem auditiven über das Preis-Leistungs-Verhältnis reden und einem kinästhetischen ausreichende Gelegenheit geben, auszuprobieren, wie sich die Ware anfühlt. Als Führungskraft können Sie Erklärungen im Wahrnehmungssystem Ihrer Mitarbeiter geben und sich als Lehrer auf unterschiedliche Lerntypen einstellen, um Ihren Stoff zu vermitteln.

Um Wahrnehmungstypen zu erkennen, haben Sie noch mehr Möglichkeiten, an deren Sie sich orientieren können. Der visuelle Typ zeigt lebhafte Augenbewegungen, schaut häufig nach oben und sucht innere Bilder oder starrt wie in Trance geradeaus, spricht eine bildhafte anschauliche Sprache, benutzt visuelle Prädikate, spricht zumeist schnell in eher hoher Tonlage, atmet oben (schnelle Brustatmung), legt besonderen Wert darauf, daß etwas in den Farben und der Form nach gut aussieht, hat deshalb eine gepflegte Erscheinung, trägt modische Kleidung, achtet auf Übersichtlichkeit, klare Formen und Farbharmonie.

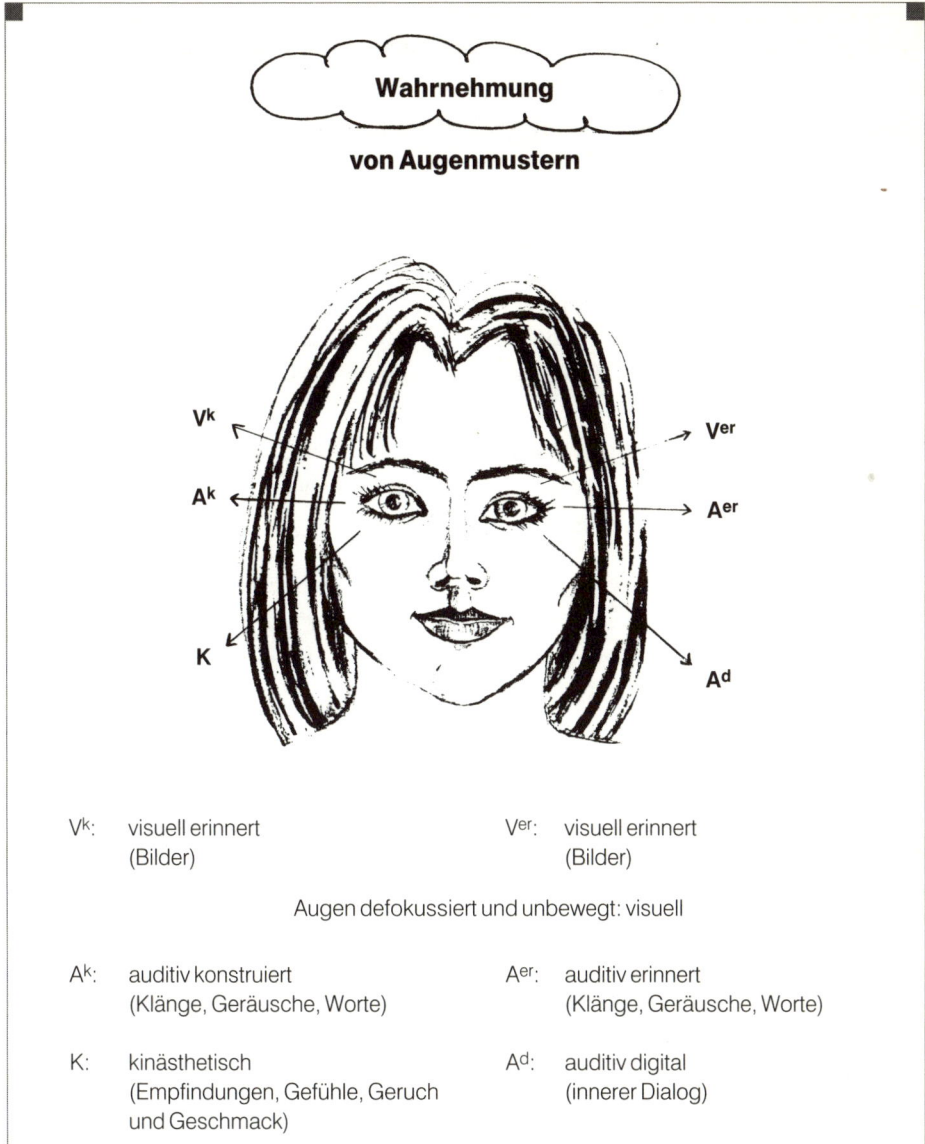

Wahrnehmung

von Augenmustern

V^k	V^{er}
A^k	A^{er}
K	A^d

V^k: visuell erinnert (Bilder)

V^{er}:   visuell erinnert (Bilder)

Augen defokussiert und unbewegt: visuell

A^k: auditiv konstruiert (Klänge, Geräusche, Worte)

A^{er}:   auditiv erinnert (Klänge, Geräusche, Worte)

K: kinästhetisch (Empfindungen, Gefühle, Geruch und Geschmack)

A^d: auditiv digital (innerer Dialog)

Der auditive Typ läßt seine Augen beim Sprechen links und recht hin und her pendeln oder schaut nach links unten, besitzt häufig einen großen Wortschatz, wählt seine Worte bewußt, benutzt auditive Prädikate, spricht in mittlerer Tonlage mit angenehmer Sprechgeschwindigkeit und gezielt akzentuierend, legt besonderen Wert auf strukturiertes Denken, logische Argumentation und Präzision, liebt anspruchsvolle Konversation, gute Musik, bevorzugt schlichte Kleidung und dezente Farben.

Der kinästhetische Typ richtet die Augen häufig nach rechts unten, spricht meist langsam mit voller und tiefer Stimme, benutzt kinästhetische Prädikate zum Ausdruck von Bewegung, Gefühlen und Empfindungen, atmet aus dem Bauch heraus, hat einen kräftigen Händedruck, eine intensive Körpersprache und liebt bequeme Kleidung. Zu unterscheiden ist beim kinästhetischen Typ der bequeme, der es sich gerne gemütlich macht und manchmal abgetragene Klamotten jenseits jeglicher Mode schätzt, und der sportliche Typ mit durchtrainiertem Körper.

Typischerweise beklagen sich kinästhetische Typen, daß visuelle und auditive unsensibel seien. Visuelle Typen beklagen sich, daß auditive ihnen keine Aufmerksamkeit schenken, weil sie während der Unterhaltung keinen Blickkontakt aufnehmen. Auditive beklagen sich, daß kinästhetische nicht zuhören. Das Ergebnis ist gewöhnlich, daß ein Typ dem anderen unlautere Absichten oder Boshaftigkeit unterstellt, während jeder den anderen nur eben auf seine bevorzugte Weise wahrnimmt. Mit NLP kann man solche Mißverständnisse vermeiden.

Wenn Sie Interesse daran haben, herauszufinden, ob Sie selber einem bestimmten Wahrnehmungstyp angehören, können Sie folgende Übung ausprobieren: Denken Sie an Zähneputzen heute morgen! An was erinnern Sie sich spontan? Sehen Sie ein Bild? Hören Sie die Geräusche des Bürstens oder des fließenden Wassers? Fühlen Sie die Zahnbürste im Mund oder Ihre Hand am Waschbecken? Oder kommt Ihnen eher der Geruch oder Geschmack der Zahnpasta?

c. Wahrnehmung von Strategien

Mit NLP kann man nicht nur einzelne Wahrnehmungsebenen und Wahrnehmungstypen identifizieren. Man kann auch vollständige mentale Muster herausfinden. Sie erinnern sich an das mentale Muster, mit dem ich mir Angst vor dem Autofahren gemacht habe: ich habe mich zuerst mit einem inneren Dialog aufgefordert, ins Auto zu steigen, daraufhin tauchte ein Bild von einer gefährlichen Verkehrssituation auf, das dann Angst auslöste. Solche Strategien können Sie erkennen lernen, wenn Sie im Kontakt mit Menschen auf die Sprache und die Augenmuster achten.

In einem Seminar hat sich einmal eine Teilnehmerin folgendermaßen geäußert: „Wenn mein Partner anruft und sagt, er komme in einer halben Stunde, und eine Stunde vergeht, und er ist dann immer noch nicht da, dann bekomme ich Angst. Dabei habe ich die Augenbewegungen der Teilnehmerin beobachtet und bemerkt, daß sie in eine Augenposition ging, in der Menschen sich in der Regel Bilder konstruieren. Meine Frage, ob sie sich dabei vorstelle, was ihm alles passiert sein könnte, bejahte sie. Auf diese Weise habe ich sehr schnell eine ungünstige Strategie herausgefunden, die ich dann bearbeiten konnte.

Menschen haben in ihrer Lerngeschichte unzählige Strategien für ein umfangreiches Verhaltensrepertoire ausgebildet. In diesem Repertoire gibt es viele gute und wirksame Strategien, z.B. um ein Buch zu lesen, zu einer Entscheidung zu kommen oder die Fenster zu putzen.

Aber Menschen haben auch viele ungünstige Strategien gelernt, zum Beispiel in der Schule. Schulische Lernprozesse sind hauptsächlich auf die Vermittlung von Inhalten ausgerichtet und berücksichtigen das „Wie" des Lernens nur selten angemessen. Das ist immer dann der Fall, wenn wir etwas nicht gut oder gar nicht können. Zum Beispiel Buchstabieren. Eine gute Buchstabierstrategie besteht darin: Ich höre das Wort, das ich schreiben soll, mache mir ein Bild davon, wie es geschrieben aussieht, vergleiche es mit dem Wort, wie ich es schon einmal geschrieben gesehen habe und bekomme ein Gefühl von Angemessenheit. Viele Menschen lernen in der Schule keine visuelle, sondern eine auditive Buchstabierstrategie. Und das ist der Grund, weshalb sie sich Groß- und Kleinschreibung nur schwer merken können, oder auch, ob zwei Wörter zusammengeschrieben werden oder nicht. So etwas kann man nur sehen, man kann es nicht hören.

Interessant sind im Berufsleben Motivations- und Entscheidungsstrategien. Und viele Menschen habe dafür keine besonders günstigen Strategien gelernt. Nicht wenige Menschen motivieren sich folgendermaßen: Sie sehen eine Aufgabe und sagen sich: Das mußt du machen. Diese Diktatorstrategie motiviert einen anderen Teil der Persönlichkeit, sofort zu widersprechen: Das mußt du gar nicht. Das hat noch Zeit. Zum Handeln kommen Menschen mit einer solchen Strategie in der Regel erst dann, wenn sie sich überlegen, was alles passieren könnte, wenn sie nicht tun, was sie sollten, und diese Gedanken Angstgefühle auslösen, die heftig genug sind. Dann gehen sie an die Arbeit, allerdings nicht gerade mit guten Gefühlen.

Eine gute Motivationsstrategie für Dinge, die man nicht besonders gerne tut, ist dagegen folgendermaßen aufgebaut: Sage dir mit einer freundlichen Stimme, was du heute erledigt haben möchtest. Mache dir dann ein Bild von der Sache, wie sie erledigt ist. Bekomme daraufhin ein gutes Gefühl davon, wie die Sache erledigt ist, und sage dir „Auf Los geht's los!" Gute Motivationsstrategien für ungeliebte Aufgaben haben eine freundliche und einladende Stimme. Sie enthalten darüber hinaus eine schöne Vorstellung von der Aufgabe, wie sie erledigt ist, und von wünschenswerten Folgen. Außerdem sollte die Aufgabe auch angemessen proportioniert sein. Wenn ich vor einem Berg von Arbeit stehe, könnte ich gleich so mutlos werden, daß ich gar nicht erst anfange.

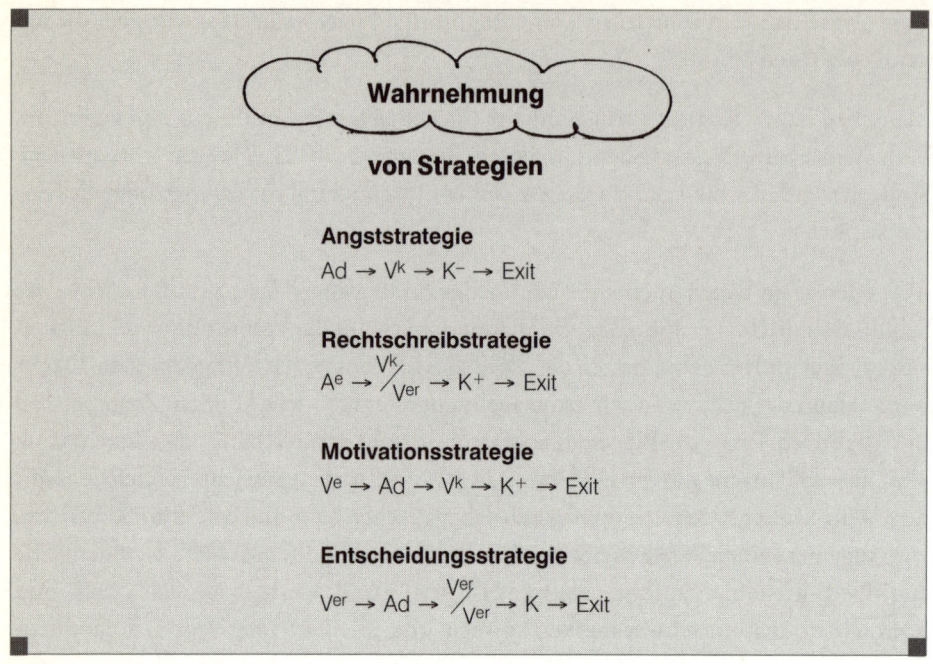

Es gibt auch nützliche und weniger nützliche Entscheidungsstrategien. Eine meiner Seminarteilnehmerinnen hatte folgende Strategie für die Auswahl eines Gerichts von der Speisekarte. Sie ließ sich von einem Bild von Currywurst und Pommes leiten und bewertete alle Angebote der Speisekarte danach, wie nah sie diesem Bild kamen. Auf diese Weise hinderte sie sich daran, etwas Neues auszuprobieren.

Wenn Sie Entscheidungsstrategien wahrnehmen können, sind Sie in der Lage, zu wissen, was jemand (Ihr Chef beispielsweise) mental macht, wenn er zu einer positiven Entscheidung kommt. Viele Menschen teilen Ihnen nämlich auf die Art und Weise, wie sie reden, mit, was in ihnen vorgeht. Jemand sagt z.B.: „Ich habe mir Ihr Angebot genau angesehen und mich gefragt, ob das in unser Programm hineinpaßt. Da ich jedoch feststellen mußte, daß andere Angebote eher die Dinge ins Zentrum rücken, die auch wir perspektivisch anstreben, hätte ich kein gutes Gefühl, Sie da mit ins Spiel zu bringen."

NLP geht davon aus, daß diese Person nicht nur ein Angebot ablehnt, sondern auch ausdrückt, wie sie zu ihrer Entscheidung kam. Sie machte sich ein Bild, stellte sich dann eine Frage, verglich daraufhin mehrere Bilder und bekam dann ein Gefühl. An dieser Entscheidung waren die drei wichtigsten Repräsentationssysteme beteiligt: Sehen, Hören und Fühlen.

Sie könnten dann sagen: „Wenn Sie sich mein Angebot noch einmal genau anschauen, und sich fragen, wie weitgehend es mit Ihren Zielen übereinstimmt, würden Sie den Eindruck gewinnen, daß ich genau das sicherstellen kann, was Sie erreichen wollen. Damit haben Sie eine Entscheidungsstrategie gespiegelt. Bandler und Grinder behaupten, daß Menschen sich nicht gegen ihre eigenen Muster verhalten können. Wenn Sie Strategien spiegeln, haben Sie zumindest eine Chance, noch einmal gehört zu werden.

d. Wahrnehmung von grundlegenden Persönlichkeitsstrukturen

Es gibt noch weitere Elemente menschlichen Verhaltens, die Sie erkennen können, wenn Sie NLP lernen, nämlich sogenannte Metaprogramme. Metaprogramme sind grundlegende unbewußte Muster, nach denen Menschen die Aufnahme und Verarbeitung von Informationen steuern. Die Kenntnis von Metaprogrammen, die Menschen benutzen, eröffnet Ihnen die Möglichkeit, einflußreiche Determinanten ihrer Denkprozesse zu erschließen, ihre Gefühlsreaktionen zu ermitteln und ihr Verhalten vorherzusagen. Mit der Kenntnis von Metaprogrammen erhalten Sie Informationen über Grundelemente der Persönlichkeit von Menschen, d.h. über die Art und Weise, wie sie ihre Identität ausbilden und aufrechterhalten.

NLPler haben bereits eine große Anzahl von Metaprogrammen identifiziert. Sie alle hier anzuführen, würde den Rahmen dieses Buches sprengen. Ich möchte Ihnen an drei Beispielen erläutern, welchen Nutzen die Kenntnis von Metaprogrammen in privaten und beruflichen Lebenszusammenhängen haben kann.

Es gibt ein Metaprogramm, das festlegt, wie Menschen am besten Informationen aufnehmen und verarbeiten. Manche Menschen bevorzugen konkrete Einzelheiten (kleine Stücke oder kleine „Chunks"), andere bevorzugen allgemeinere Informationen, ein Ergebnis oder einen Überblick (große Stücke oder große „Chunks"). Deshalb nennt man dieses Metaprogramm „Chunkgrößenfilter". „Großchunker" und „Kleinchunker" können leicht in Probleme geraten. Denn einem Großchunker kann es sehr auf die Nerven fallen, wenn ein Kleinchunker in allen Einzelheiten (umständlich von Höxchen auf Stöxchen) beschreibt, wie eine Verhandlung abgelaufen ist, statt das gewünschte Ergebnis seiner Bemühung mitzuteilen. Und ein Kleinchunker kann den Eindruck gewinnen, daß Sie als Großchunker ihm verschwommenen, irrelevanten Stoff vermitteln, wenn Sie auf die Einzelheiten verzichten, die er zu seinem Verständnis der Sache braucht. Ihnen wird klar sein, wie wichtig die Kenntnis dieses Metaprogramms für die Kommunikation ist. Menschen, zu deren Aufgaben gehört, anderen ein Verständnis von einer Sache zu vermitteln, in der Pädagogik ebenso wie im

Management und im Verkauf, müssen wissen, welche Art Information ihr Gegenüber zuerst benötigt, um dieses Verständnis zu entwickeln.

Menschen unterscheiden sich auch darin, woran sie sich orientieren, wenn sie Dinge bewerten und zu Entscheidungen kommen. Menschen, die ihre Entscheidungen auf der Grundlage der Meinung anderer treffen, werden als außengeleitet oder als Konformisten bezeichnet. Für sie gilt, was andere für gut, schlecht, richtig, falsch, schön oder abscheulich halten. Sie fragen andere, was sie tun sollen, z.B. den Pfarrer oder den Lehrer, oder sie halten sich in ihrem Lebenswandel an vorgegebene Systeme, z.B. an eine Religion oder an das, was „comme il faut" ist oder die Nachbarn denken.

Im Gegensatz dazu werden Menschen, die ihre Entscheidungen auf der Grundlage eigener Erfahrungen und eigener Maßstäbe treffen, als innengeleitet oder als Nonkonformisten bezeichnet. Für sie gilt, was sie selber für gut, schlecht, richtig, falsch, schön oder abscheulich halten. Sie entscheiden selber über ihr Handeln und halten sich in ihrem Lebenswandel an die eigenen Maßstäbe. Das bedeutet nicht, daß sie überhaupt nicht in Betracht zögen, was andere sagen oder meinen. Sie holen durchaus viele Informationen von anderen ein, aber sie bilden sich in bezug auf all diese Fakten und Meinungen ein eigenes Urteil und fällen eine eigene Entscheidung, was zu tun sei.

Das Metaprogramm, das hier angesprochen ist, wird Referenzfilter genannt. Menschen mit einer internen Referenz neigen zuweilen dazu, Menschen mit einer externen Referenz als unselbständig einzuschätzen und nicht sehr viel von ihnen zu halten. Diese Einschätzung ist selten berechtigt. Eine externe Referenz ist sinnvoll in Lebensbereichen, in denen ein Experte wirklich über mehr Informationen verfügt. Zum Beispiel ist es in einer Notsituation sinnvoll, dem Notarzt zu vertrauen oder dem Installateur. Es kann auch sinnvoller sein, dem Steuerberater oder dem Rechtsanwalt zu glauben, als daß man sich selber daran macht, Rechtswissenschaft zu studieren. Auch wenn jemand ein sehr selbstkritischer oder pessimistischer Mensch ist, kann es zuweilen nützlich für ihn sein, das Urteil anderer Menschen über seine Leistung oder seine Zukunftsaussichten stärker in Betracht zu ziehen.

Eine interne Referenz garantiert die Möglichkeit zu eigenen Entscheidungen auf der Grundlage eigener Werte und der besten zur Verfügung stehenden Informationen. Interne Referenz macht Menschen unabhängig von verordneten oder selbstgesuchten Autoritäten. Interne Referenz scheint auch Stärke zu vermitteln. Viktor Frankl entdeckte, daß viele Überlebende der Konzentrationslager in der Lage waren, ihre interne Wahlmöglichkeit aufrechtzuerhalten, auch in Situationen, die anscheinend total von anderen kontrolliert waren. Auch Krebspatienten, die trotz der Ankündigung eines nahen Todes überlebten, bildeten intern Alternativen aus, anstatt passiv das Urteil zu akzeptieren, das ihnen die Experten verkündeten.

Es gibt aber auch eine Form interner Referenz, die ähnlich problematisch ist wie eine zu starke externe Referenz. Denn ein Mensch mit starker interner Referenz kann sich von Informationen von außen und den Meinungen anderer total abschließen. Er ist dann nicht offen und empfänglich für Rückmeldungen. Solche Menschen zu beeinflussen ist nahezu unmöglich, weil sie sozusagen vorprogrammiert sind, die Ideen anderer nicht zu beachten.

Ihnen wird klar sein, wie wichtig es ist, sich in Verhandlungen, im Verkauf und auch im Management auf die Referenz Ihres Gegenübers einzustellen. Einen Menschen mit interner Referenz werden Sie mit Ihrer Meinung wenig beeindrucken können, wenn Sie darauf hinweisen, daß die Fachwelt sich darüber einig ist, Untersuchungen gezeigt haben, die Kollegen der Auffassung sind oder irgendwelche Autoritäten auch meinen, was Sie vertreten. Und einen Menschen mit externer Referenz werden Sie eher verunsichern, wenn Sie immer wieder darauf hinweisen, daß nur er das entscheiden kann.

Ein weiteres Metaprogramm wird Motivations-Filter genannt. Es bezieht sich darauf, ob Menschen, wenn sie sich in Bewegung setzen, vorwiegend ein Ziel anstreben (Anerkennung, Belohnung, Erfolg, Sicherheit) oder ob sie sich davon bestimmen lassen, von etwas wegzukommen (Enttäuschung, Mißerfolg, Bestrafung). Je nachdem, ob jemand etwas anstrebt oder etwas vermeiden will, spricht man von einem „Hin-zu-Typ" und einem „Weg-von-Typ".

Einen Menschen vom „Hin-zu-Typ" motivieren Sie mit allem, was für ihn erstrebenswert und begehrenswert ist. Disziplinarmaßnahmen sollten Sie vermeiden. Sie verärgern ihn nur. Kunden dieses Typs motivieren Sie, indem Sie auf den Nutzen, die Freude und das Vergnügen hinweisen, das er an dem Produkt hat. Menschen vom „Weg-von-Typ" können Sie selten mit irgend etwas locken. Am stärksten sind sie durch Ängste zu motivieren. Sie können sie bewegen, wenn Sie auf Unangenehmes und Probleme hinweisen, die sie vermeiden können. Einem Kunden dieses Motivationstyps weisen Sie am besten auch auf etwas hin, was er mit seinem Entschluß für dieses Produkt vermeiden kann, zum Beispiel Reparaturen und andere Probleme.

Metaprogramme zu identifizieren ist nicht schwierig. Man kann sie heraushören und erfragen. In einer NLP-Ausbildung lernen Sie über zwanzig Metaprogramme kennen, die für eine Beratung, ein Coaching, aber auch in der Pädagogik und im Management wichtig sind. Mit diesen Metaprogrammen haben Sie ein System zur Identifizierung von Persönlichkeitsprofilen, das Führungskräfte unterstützen kann, für einen gegebenen Arbeitsplatz die richtige Person zu finden, und darüber hinaus jeden Interessierten befähigen kann, für sich selber die richtige Aufgabe und die richtige Position auszumachen.

Aber die Kenntnis von Metaprogrammen hat noch weiteren Nutzen in allen kommunikativen Zusammenhängen. Sie lernen, das Anderssein anderer Menschen ganz anders wahrzunehmen und so zu schätzen, wie Sie die Ausprägung eines Metaprogramms bei sich selber schätzen. Sie lernen darüber hinaus, Kommunikationsschwierigkeiten, die sich aus unterschiedlichen Metaprogrammen ergeben, zu identifizieren und anders damit umzugehen. Sie lernen, sich auf solche Unterschiede einzustellen und Ihre Mitmenschen da abzuholen, wo sie sind. Und Sie wissen, wie Sie Menschen nach ihren Metaprogrammen motivieren können.

2. Direkte Kommunikation

Haben Sie schon einmal aufmerksam Menschen beobachtet, die eine gute Beziehung zueinander haben. Vor einigen Jahren saß ich allein in einem Bistro und beobachtete ein Pärchen. Sie saßen auf hohen Hockern an einem dieser hohen Bistrotische, hatten beide die Ellenbogen aufgestützt, sahen einander in die Augen und sogen an Strohalmen ihr Getränk aus einem Glas. Sie sprachen miteinander, und während sie das taten, nickten sie zuweilen beide, lächelten gemeinsam und bewegten ihre Körper auf eine ähnliche Weise. Wenn einer während seiner Rede seine Worte mit leichten Gesten unterstrich, konnte ich wenig später ähnliche Handbewegungen beim anderen feststellen. Ganz aufmerksam wurde ich, als ich sah, daß einer mit seinen Fingern in die Haare fuhr und sich leicht kratzte und fast im selben Augenblick auch der andere seine Hand hob und sich am Kopf kratzte.

a. Nonverbale Kommunikation

Menschen, deren Aufgabe darin besteht, mit anderen zu kommunizieren, tun das, was ich an jenem Pärchen beobachtet habe, spontan, ohne zu wissen, daß sie die Körpersprache Ihres Gegenübers spiegeln. Sie beziehen sich in ihrer Haltung aufeinander, und ihre Bewegungen scheinen wie von Zauberhand gesteuert. Sie stimmen ihre Rede auf die ihres Gegenübers ein, so daß Lautstärke und Sprechtempo miteinander harmonieren. Sie schwingen sich in Mimik, Haltung, Gestik, Bewegungen und ihrer Stimme auf die Wellenlänge des Gesprächspartners ein. Ihre Bewegungen verlaufen harmonisch wie in einem Tanz. Sie bringen intuitiv und mit Geschick hervor, was im NLP Rapport genannt wird, eine gute Beziehung, die von gegenseitiger Achtung und Vertrauen gekennzeichnet ist.

Auch Sie zeigen solche Verhaltensweisen. Denken Sie einmal nach: Wenn Sie gut drauf sind und lachen und kommen in einen Raum und sehen, daß jemand weint. Lachen Sie weiter? Nein, das tun Sie nicht, Ihr Gesicht wird ernst. Wenn Sie mit einem kleinen Kind sprechen, bleiben Sie stehen? Nein, Sie bleiben nicht stehen. Sie gehen in die Hocke. Wenn Sie mit jemandem spazieren gehen, wie gehen Sie? Richtig, Sie gehen im Gleichschritt. Wenn Sie einen Besucher empfangen, bleiben Sie hinter dem Schreibtisch sitzen? Nein, Sie bitten Ihren Gast an einen kleinen Besuchertisch, an dem Sie beide in gleich bequemen Stühlen sitzen. Wenn Sie mit Menschen sprechen, die nicht Ihre Ausbildung haben, benutzen Sie dann Fremdwörter? Nein, das tun Sie nicht. Wenn Sie zu einer Party eingeladen werden, was ist dann eine Ihrer ersten Fragen? Richtig: Was ziehe ich an? Und woran orientieren Sie sich dann? Richtig, an dem, was Sie glauben, was die anderen anziehen werden. Denn es wird Ihnen nicht angenehm sein, wenn Sie overdressed oder underdressed sind. Was meinen Sie, warum man glaubt, Raucher seien kommunikativer, obwohl das nicht stimmt? Richtig, Sie tun zur gleichen Zeit dasselbe. Haben Sie schon mal eine fröhliche Runde erlebt, in der alle Wein tranken und nur einer Wasser? Was passierte dann? Irgendwann versuchte einer der Weintrinker, dem Wassertrinker Wein zu empfehlen. Früher konnte man das häufiger erleben. Heute hält zumeist das Wissen um Alkoholprobleme Menschen davon ab, ihr Bedürfnis nach Rapport durchzusetzen.

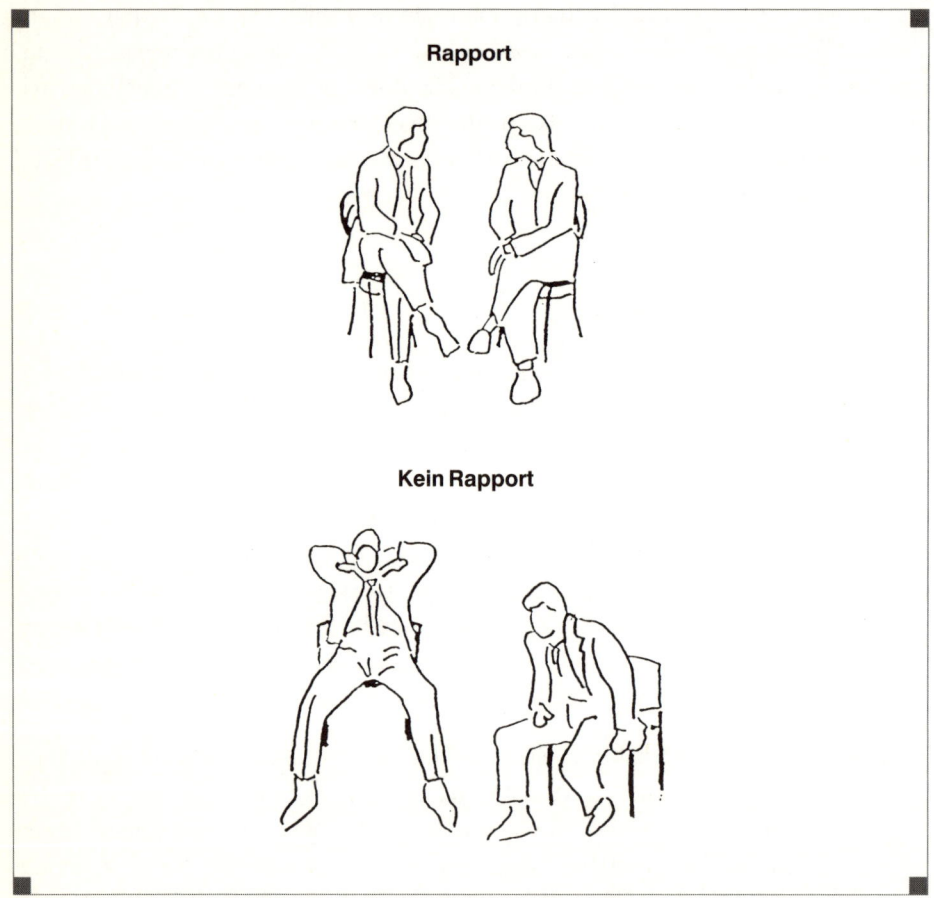

Rapport

Kein Rapport

Wissenschaftliche Forschungen haben ergeben, daß die Bedeutung der Kommunikation in höherem Maße durch Körpersprache festgelegt wird als durch die Worte, die dabei ausgetauscht werden. Eine Studentin, die bei mir die NLP-Ausbildung gemacht hat, hat eine Diplomarbeit über die Bedeutung körpersprachlichen Spiegelns geschrieben. Dabei hat sie existierendes Filmmaterial der Universität Hannover über arbeitende Gruppen verwendet und zeigen können, daß bei schnellerem Ablauf der Filme sichtbar wird, daß die Gruppenmitglieder miteinander tanzten. Man konnte Musik unterlegen. Gute Kommunikation ist ein Tanz!!!

In meinen Seminaren lasse ich zu diesem Thema eine Übung machen, um die Wirkung des Spiegelns erleben zu lassen. Ein Teilnehmer (A) erhält die Aufgabe, sich ein interessantes Thema auszudenken und ein Gespräch mit zwei Partnern zu führen, um diese für sein Thema zu interessieren. Die Gesprächspartner bekommen jedoch unterschiedliche Regieanweisungen. Einer (B) soll sich darauf einstellen, A zu mögen und an dem Thema interessiert zu sein. Der andere (C) erhält die Anweisung, sich vorzustellen, daß etwas vorgefallen ist. A hat ihn gekränkt, verletzt oder verärgert, worüber er aber nicht sprechen soll, aber es fällt ihm mit einer solchen Vorstellung schwer, A Sympathie entgegenzubringen und an dem Thema interessiert zu sein. Weitere Beobachter bekommen die Aufgabe, in dem anschließenden Rollenspiel auf die Körpersprache von B und C zu achten. Dabei wird deutlich, daß B und C ihre Körpersprache spontan und automatisch, also unbewußt, einsetzen. B wendet sich A zu, hält Blickkontakt, nimmt eine ähnliche Haltung ein, nickt, gleicht die Mimik an und zeigt in der Regel auch eine ähnliche Gestik. C bleibt abgewendet, schaut in der Gegend umher, zeigt eine konträre Haltung, verharrt in einer starren Mimik und beschäftigt sich in der Regel damit, das Papier mit seiner Regieanweisung zu falten. In diesem Rollenspiel wird deutlich, daß es eine große Wirkung auf A hat, wie B und C sich körpersprachlich verhalten. Während A sich von B wahrgenommen, akzeptiert und unterstützt fühlt, erzeugt C in der Regel Mißstimmung, Verunsicherung und das Gefühl, abgelehnt zu werden.

Das Geheimnis guter Kommunikation liegt also in der Körpersprache. Wie verwenden Sie das Wissen um die Bedeutung des körpersprachlichen Spiegelns? Normalerweise können Sie davon ausgehen, daß Sie unbewußt nonverbal spiegeln. Wenn Sie in der Kommunikation mit einem anderen Menschen ein gutes Gefühl haben, müssen Sie das überhaupt nicht berücksichtigen. Aber es gibt Situationen, in denen es wichtig ist, diese Verhaltensweisen gezielt einzusetzen, nämlich immer dann, wenn Sie eine gute Beziehung zu Ihrem Gegenüber schnell herstellen oder wiederherstellen wollen, also zu Beginn eines Kontakts oder wenn Sie eine Kommunkationsstörung wahrnehmen.

Zu Beginn eines neuen Kontakts zu einem Kunden bespielsweise kann es sinnvoll sein, darauf zu achten, keine konträre Sitzhaltung einzunehmen, immer wieder Blickkontakt aufzunehmen, zugewendet zu sein oder die Sprechgeschwindigkeit anzugleichen. Das sollte ein kurzes Manöver sein, da Sie Ihre Aufmerksamkeit im wesentlichen auf den Inhalt des Austauschs richten. Sie stellen sich dann aufeinander ein und stimmen sich aufeinander ab. Vor allem achten Sie auf Ihre eigene Körpersprache, wenn Sie emotional wahrnehmen, daß es eine Kommunikationsstörung gibt, wenn sie merken, daß „der Draht reißt". Dann sollten Sie sich, wiederum kurz, vergewissern, ob sich diese

Störung körpersprachlich ausdrückt, und wenn ja, sich kurz reorganisieren. Dann können Sie auf der Sachebene weitermachen!

Spiegeln oder englisch „Pacing" ist immer wichtig, wenn Sie führen wollen. Denn Sie können nicht führen, wenn Sie den anderen nicht da abholen, wo er ist. Erst wenn ein positiver Kontakt besteht, können Sie dazu übergehen, den anderen in eine bestimmte Richtung zu führen. Spiegeln ist eine vertrauensbildende Maßnahme, ohne die der andere Ihnen nicht folgen wird. Wenn Sie einen anderen Menschen erfolgreich beraten oder coachen wollen, müssen Sie ihn vorher spiegeln, ihm körpersprachlich signalisieren, daß sie ihm zugewandt, mit Ihrer Aufmerksamkeit voll auf ihn gerichtet sind. Damit vermitteln Sie Ihrem Gegenüber das Gefühl, angenommen und ernstgenommen zu werden, so daß er Vertrauen fassen und sich öffnen kann. Diese Wirkung erzielen Sie durch körpersprachliches Spiegeln. Auch jenseits der Beratungsarbeit ist Spiegeln wichtig. Auch in der Pädagogik und im Management funktioniert Führen nicht ohne Spiegeln. Wer andere Menschen führen will, muß sie dort abholen, wo sie sind. Dazu muß er sich zunächst an sie anpassen, auf ihre Wellenlänge gehen, sich auf sie einstimmen.

Aber es gibt nicht nur die Wirkung von Spiegeln oder Nichtspiegeln auf den anderen in einem Gespräch. Wenn ich spiegele oder nicht spiegele, hat das auch eine Wirkung auf mich. Wenn ich körpersprachlich spiegele, verschaffe ich mir die Möglichkeit, emotional in die Welt des anderen einzusteigen. Ich sorge dafür, daß in mir Gefühle auftauchen, die den Gefühlen meines Gegenübers ähnlich sind. Diese Wirkung meines Spiegelns auf mich wird im NLP noch wichtiger genommen als die Wirkung meines Spiegelns auf den anderen, denn die Aufgabe eines NLP-Beraters besteht darin, in die Welt des Klienten einzusteigen und darin den Schlüssel zu finden, der es möglich macht, den Klienten von seinem Problem zu seinem Ziel zu führen.

Wenn ich mein Gegenüber im Gespräch körpersprachlich spiegele, meine Mimik, Körperhaltung und Bewegungen angleiche, werden in meiner Welt Gefühle auftauchen, die dieser Körpersprache entsprechen. Es gibt einen Comic von den Peanuts, in dem der kleine Junge sich mit hängendem Kopf und hängenden Schultern hinstellt und zu seiner Freundin sagt: „So stehe ich, wenn ich deprimiert bin. Wenn du deprimiert bist, ist es ungeheuer wichtig, eine ganz bestimmte Haltung einzunehmen. Das Verkehrteste, was du tun kannst, ist, aufrecht und mit erhobenem Kopf dazustehen, weil du dich dann sofort besser fühlst. Wenn du also etwas von deiner Niedergeschlagenheit haben willst, dann mußt du so (mit hängendem Kopf und hängenden Schultern) dastehen."?

Einen solchen Zusammenhang zwischen Körpersprache und Gefühlen können Sie selber ausprobieren: Lassen Sie alles, was Sie an Ihrem Körper hängen lassen können, hängen und versuchen Sie einmal, euphorisch zu sein! Und machen Sie auch die Gegenprobe: Heben Sie den Kopf und strecken Sie Ihre Arme nach oben und versuchen Sie dann, sich depressiv zu fühlen. Es geht nicht!

Wenn NLP körpersprachliches Spiegeln vermittelt, geht es um beide Dimensionen dieser menschlichen Vorgehensweisen, die Wirkung auf den anderen und die Befähigung des Beraters, in die Welt des anderen einzusteigen. Ihnen wird deutlich sein, daß der Rapport in einem Beratungsgespräch die absolute Grundlage für Vertrauen darstellt, das es überhaupt erst ermöglicht, über ganz persönliche und zumeist auch schmerzhafte Angelegenheiten mit einem anderen Menschen zu sprechen. Aber Rapport, und die Vorgehensweisen, ihn herzustellen, ist in jedem zwischenmenschlichen Kontakt die Grundlage für das, was Menschen gemeinsam erreichen wollen, im Berufsleben ebenso wie im Privatleben. Mit ihrer Körpersprache bauen Menschen eine gemeinsame Welt auf.

b. Gesprächsführung

Es gibt nicht nur körpersprachliche Möglichkeiten, Rapport herzustellen, sondern auch sprachliche. Auch verbales Spiegeln hat innerhalb der Kommunikation zwei Wirkungen. Es signalisiert meinem Gegenüber, daß ich aufmerksam und an dem, was er sagt, interessiert bin. Solche Signale schaffen Vertrauen und machen es dem anderen möglich, sich zu öffnen und über das zu sprechen, was ihn bewegt. Und es vermittelt bei meinem Gegenüber den Eindruck, daß wir die gleiche Sprache sprechen, etwas, was wir in diesem Augenblick ja auch tun. Wichtig im NLP ist jedoch mindestens gleichermaßen die Wirkung verbalen Spiegelns auf mich selber. Wie nonverbales Spiegeln eröffnet mir das verbale Spiegeln die Möglichkeit, bewußt und gezielt in die Welt meines Gesprächspartners einzusteigen und mein eigenes Erleben und meine Äußerungen an dessen Wahrnehmung der Wirklichkeit anzupassen.

Matching

Im NLP werden drei Formen des sprachlichen Spiegelns vermittelt. Die erste Form, „matching" genannt, vermittelt die Fähigkeit, im Gespräch die Worte der anderen Person zu übernehmen. Wichtig ist dabei, die Worte zu hören und in meine Redebeiträge aufzunehmen, die die Wahrnehmungsebene der anderen Person spiegeln. Damit kann ich alle Mißverständnisse ausschließen, die sich aus der Verwendung unterschiedlicher Wahrnehmunssysteme ergeben können. Außer dem Eindruck, zu verstehen und die gleiche Sprache zu sprechen, stelle ich damit auch sicher, verstanden zu werden. Darüber hinaus kann ich auch die für das Erleben des anderen typische Begriffe und auch die Art und Weise des Satzbaus und der Argumentation übernehmen. Damit gleiche ich mich an die Denkstrategien des anderen an.

Über diese Formen des verbalen Spiegelns hinaus gibt es zwei weitere Möglichkeiten, die im NLP vermittelt werden, der Kontrollierte Dialog und das Aktive Zuhören. Diese Formen der Verbalisierung wurden von Carl Rogers für die Gesprächspsychotherapie entwickelt. Sie sind für alle Formen der Beratung, in der Erziehung, der Pädagogik, aber auch im Berufsleben und im Management so wichtig, daß sie normalerweise in allen guten Kommunikationsseminaren und Führungstrainings vermittelt werden.

Kontrollierter Dialog

Bei dieser Form des verbalen Spiegelns geht es darum, genau aufzunehmen und dem Sinne nach zurückzumelden, was der Gesprächspartner sagt. Kontrollierter Dialog signalisiert meinem Gegenüber, daß ich genau zuhöre, seine Worte ernst nehme und, weil Menschen sich mit dem identifizieren, was sie sagen, auch ihn als Person ernst nehme. Auf diese Weise erzeugt der Kontrollierte Dialog Rapport im Sinne einer guten Beziehung und einer vertrauensvollen Atmosphäre, in der mein Gesprächspartner sich öffnen und sein Problem schildern kann.

Zuhören können ist oftmals die wichtigste Fähigkeit für erfolgreiche Gespräche. Sie wird aber nur selten angemessen beherrscht. Hektik, Streß und Zeitmangel erzeugen häufig einen solchen Druck, daß Menschen zur ruhigen Konzentration auf das, was ein

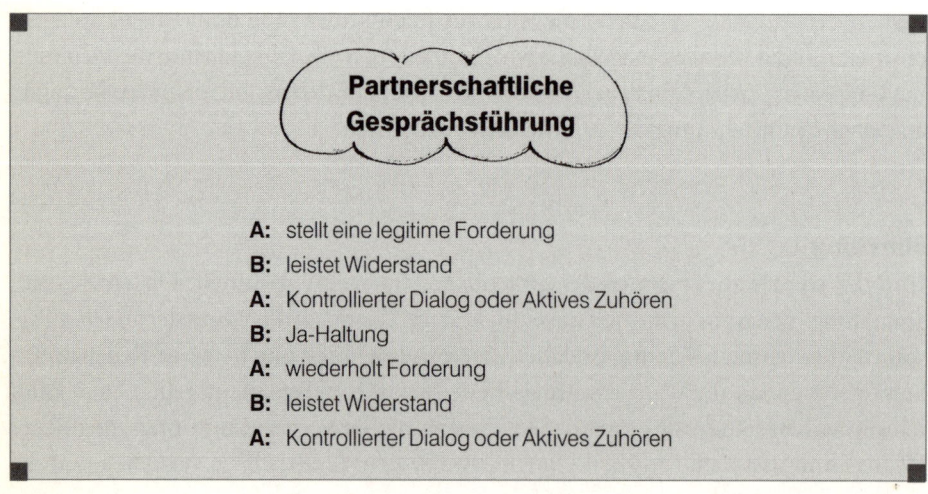

Partnerschaftliche Gesprächsführung

A: stellt eine legitime Forderung
B: leistet Widerstand
A: Kontrollierter Dialog oder Aktives Zuhören
B: Ja-Haltung
A: wiederholt Forderung
B: leistet Widerstand
A: Kontrollierter Dialog oder Aktives Zuhören

anderer sagt, nur schwer in der Lage ist. Auch innerer Druck veranlaßt Menschen zuweilen, sich durch Reden selber zu entlasten, statt dem anderen zuzuhören.

Aktives Zuhören

Ein guter Gesprächspartner ist nicht nur in der Lage, den sachlichen Inhalt von Mitteilungen aufzunehmen. Sprachliche Äußerungen haben nicht nur einen sachlichen Informationsgehalt. Die Mitteilungen eines Menschen enthalten meistens auch versteckte Bedürfnisse, verschlüsselte Gefühlsregungen, unterschwellige Werthaltungen und Appelle. Solche in sprachlichen Mitteilungen mitschwingenden Botschaften wahrzunehmen und dem Gesprächspartner zurückzuspiegeln nennt man Aktives Zuhören.

Aktiv ist diese Form des Zuhörens deshalb, weil der Gesprächspartner seinem Gegenüber etwas zurückmeldet, was zwar in dessen Äußerung enthalten, aber nicht eigens in Worte gefaßt war. Auf diese Weise erzeugt Aktives Zuhören mehr noch als der Kontrollierte Dialog Rapport im Sinne einer guten Beziehung, da der Berater dem Gesprächspartner signalisiert, daß er über das gesprochene Wort hinaus am Erleben des anderen interessiert ist, dieses wahrnimmt und ernst nimmt.

Menschen sind zwar ganz allgemein mit der Fähigkeit ausgestattet, das Erleben eines anderen zu erfassen. Empathie, wie man diese Fähigkeit nennt, wird aber in den Lehr- und Lernprozessen unserer Gesellschaft weder bewußt ausgebildet noch gezielt entwickelt. Vor allem werden die sprachlichen Formen nur selten vermittelt, in denen einer dem anderen ein solches Interesse an dessen Erleben erkennen lassen kann.

Im Beratungs- und Coachingzusammenhang benutzen Sie Matching, Kontrollierten Dialog und Aktives Zuhören nahezu ununterbrochen. Sie nehmen während des Gesprächs laufend die Informationen, die Sie von Ihrem Klienten bekommen, mit dem Kontrollierten Dialog auf und stellen dann in der Regel weitere Fragen. Sie hören aktiv zu, wenn Sie die Gefühle, die Sie wahrnehmen, ansprechen. Und Sie benutzen keine Vokabeln, die Sie nicht bei Ihrem Gesprächspartner gehört haben.

Es gibt eine therapeutische und beratende Form der Gesprächsführung, die nur mit diesen Mitteln arbeitet, nämlich die klientenzentrierte Gesprächsführung oder Gesprächspsychotherapie nach Carl Rogers. Damit stellt der Berater im wesentlichen eine Atmosphäre her, in der der Klient sich angenommen und ernstgenommen fühlt, sich öffnen und über sein Problem reden kann. Rogers arbeitet mit einer weiteren Hypothese, nämlich, daß jeder Mensch über die Fähigkeiten verfügt, sein Problem zu lösen. Ein in klientenzentrierter Gesprächsführung ausgebildeter Berater muß deshalb über nicht mehr Fähigkeiten verfügen als Kongruenz, Akzeptanz, Empathie und die Fähigkeit des Verbalisierens.

Was für gute Kommunikation im Beratungs- und Coachingzusammenhang gilt, ist auch im Berufsleben, in der Pädagogik, im Verkauf, in Verhandlungen und im Management wichtig, ganz besonders in solchen Situationen, in denen Kontroversen, Widerstände oder Konfrontationen auftauchen. Für solche Situationen sollten Menschen, die Verantwortung für andere tragen, die ihrer Obhut anvertraut sind, diese sprachlichen Muster wirklich üben. Denn wenn sie diese Muster nicht beherrschen, wird es ihnen nicht gelingen, die Basis an Gemeinsamkeiten herzustellen, die eine Zusammenarbeit zuallererst möglich macht.

In meinen Seminaren veranlasse ich die Teilnehmer zu diesem Thema, an eine der häufig auftretenden Situationen zu denken, in denen sie eine legitime Forderung an einen Kollegen oder Mitarbeiter hatten, aber die Erfahrung machten, daß diese Person Widerstand leistete. Normalerweise versuchen Menschen, ihre Forderungen mit guten Argumenten durchzusetzen. Leider haben aber auch die Leute, die auf Forderungen Widerstand leisten, in der Regel gute Argumente für ihre Position. Die Folge ist, daß die Betreffenden sich gegenseitig hochschaukeln. Auf der Sachebene kommen Sie deshalb nicht weiter, oder sie verschlechtern sogar die Erfolgsaussichten. Wenn Sie sich aber in solchen Situationen daran erinnern, daß Sie auf der Beziehungsebene dem anderen signalisieren können, daß Sie das, was er sagt, ernst nehmen, haben Sie die Chance, auch von ihm gehört und ernstgenommen zu werden. Das schafft eine bessere Voraussetzung für eine Lösung als der Versuch, sich mit Argumenten durchzusetzen.

Solche sprachliche Manöver können Sie nur mit Kontrolliertem Dialog und Aktivem Zuhören durchführen, weil Sie damit dem anderen nicht recht geben oder Ihr Interesse hintanstellen. Sie signalisieren nur Ernstnahme für seine Argumente und Absichten. Mit Kontrolliertem Dialog und aktivem Zuhören können Sie beides, auf der Beziehungsebene Vertrauen schaffen und auf der Sachebene bei dem bleiben, was für Sie wichtig ist.

3. Fragetechnik

Zu den Fähigkeiten, die in NLP-Seminaren vermittelt werden, gehören nicht nur differenzierte Wahrnehmungs- und vielfältige kommunikative Fähigkeiten, sondern auch das Vermögen, die richtigen Fragen zu stellen.

Wenn Sie sich mit Fragetechnik schon beschäftigt haben, wissen Sie zweierlei, einmal daß Sie in kommunikativen Zusammenhängen Warum-Fragen möglichst vermeiden sollten, und zum anderen, daß Sie offene Fragen stellen müssen, wenn Sie viele Informationen in Erfahrung bringen wollen. Warum-Fragen sollten Sie deshalb vermeiden, weil Sie damit Menschen auffordern, Ihr Verhalten zu legitimieren. Warum-Fragen werden häufig als Verfolgerfragen erlebt! Das können Sie überprüfen, wenn Sie sich vorstellen, jemand fragt Sie: Warum kommen Sie zu spät? Warum können Sie sich diesen Sachverhalt nicht merken? Sie wissen vielleicht, daß Kinder in einem jungen Alter ganz oft Warum-Fragen stellen, und daß diese Fragen sinnvoll sind, weil Kinder Erklärungen für ihre Wahrnehmungen brauchen. Aber selbst einsichtsvolle und geduldige Eltern kommen irgendwann an ihre Grenze. Warum-Fragen reizen.

Die Vorzüge der NLP-Fragetechnik möchte ich Ihnen anhand eines Rätsels erläutern, zu dessen Lösung nur Fragen erlaubt werden, die mit Ja oder Nein beantwortet werden können:

Ein Mann betrit ein hohes Bürohaus mit 25 Etagen. Er steigt im Erdgeschoß in den Fahrstuhl, drückt auf den Knopf zur 20. Etage, verläßt dort den Fahrstuhl und steigt zu Fuß die Treppen bis zur 25. Etage hinauf. Was veranlaßt ihn dazu, so zu handeln?

Wenn Sie dieses Rätsel über geschlossene Fragen lösen wollen, werden Sie in der Regel Ihre Erfahrungen heranziehen, um den Grund für ein solches Verhalten zu entdecken. Ihnen werden dabei ähnliche Ideen wie die folgenden kommen, und Sie werden fragen:

➡ Möchte er vielleicht die Aussicht genießen?
➡ Besucht er vielleicht jemanden in der 20. Etage?
➡ Ist das vielleicht seine Art, Frühsport zu treiben?

Auf diese Fragen werden Sie in der Regel ein Nein bekommen. Nur durch Zufall könnten Sie die Lösung finden. Aber daß Sie auf diese Weise nur zufällig die richtige Lösung finden, ist durch die Spielregel vorprogrammiert, die eben nur geschlossene Fragen zuläßt. Auf diese Weise erhalten Sie nur wenige zusätzliche Informationen.

Wenn es diese Spielregel nicht gäbe, würden Sie offene Fragen stellen, zum Beispiel:

➡ Was macht der Mann in dem Bürohaus? Antwort: *Er arbeitet dort.*
➡ In welcher Etage arbeitet er? Antwort: *In der 25. Etage.*
➡ Wie oft macht er das? Antwort: *Immer!*
➡ Wie verläßt er abends das Bürohaus? Antwort: *Er betritt im 25. Stockwerk den Fahrstuhl, drückt auf den Knopf zum Erdgeschoß, verläßt dort den Fahrstuhl und geht durch die Eingangstür nach draußen.*

Damit wissen Sie schon mehr, und das bringt Sie auf weitere Möglichkeiten, wie das Rätsel gelöst werden könnte. Wenn Sie psychologisch vorgebildet sind, wird Sie die Information, daß er das immer macht, auf die Idee bringen, das Verhalten als zwanghaft zu beurteilen und zu der Frage veranlassen:

Ist er ein Zwangsneurotiker? Darauf werden Sie in der Regel wieder ein Nein bekommen, denn das ist wieder eine geschlossene Frage.

An diesem Beispiel wollte ich Ihnen deutlich machen, wie wir auch in anderen Situationen normalerweise fragen: Wir gehen von den Informationen aus, die wir bereits haben, und diese setzen wir in unserem Kopf zu einem Puzzle zusammen. Die Informationen, die wir haben, ergeben aber noch kein vollständiges Bild, und wir suchen dann, orientiert an den Löchern in dem Puzzle in unserem Kopf, durch zusätzliche Fragen weitere Puzzlesteine zu finden, die wir in das Bild einsetzen können. Wir bedenken dabei nicht, daß wir die wenigen Informationen, die wir haben, vorher schon falsch zusammengesetzt haben könnten. Wir bedenken auch nicht, daß wir eine Information falsch abgebildet haben könnten. Denken Sie beispielsweise an eine Feder, und machen Sie sich davon ein Bild. An was für eine Feder haben Sie gedacht? Eine Schreibfeder, die Feder in einer Federwaage oder eine Hühnerfeder? Wir können also das Puzzle nicht nur falsch zusammengesetzt, sondern auch falsche Puzzlesteine in unserem Bild haben. Und diese Fehlerquellen können dazu führen, daß die Fragen, zu denen das unfertige Puzzle in unseren Kopf uns veranlaßt, nicht treffsicher sind. Außerdem neigen wir dazu, unsere eigenen Erfahrungen hinzuzuziehen und unsere Fragen daran zu orientieren. Auch dann werden wir häufig ein Nein als Antwort bekommen.

Wenn wir NLP-Fragen stellen, kann uns das nicht passieren, weil wir dann nach einem Prinzip fragen, das uns in der Regel eine zusätzliche Erfahrungsinformation aus der Welt des anderen liefert. NLP-Fragen lassen nämlich nicht zu, daß wir unsere eigenen Erfahrungen einmischen. NLP-Fragen lassen nicht zu, daß wir Informationen falsch abbilden. Und NLP-Fragen lassen auch nicht zu, daß wir Einzelinformationen falsch zusammensetzen.

Wer die Fragetechnik des NLP beherrscht, läßt sich dabei von der sprachlichen Äußerung seines Gegenübers leiten. Wenn er eine Mitteilung hört, überprüft er blitzschnell, ob die sprachliche Äußerung die Beschreibung einer konkreten und vollständigen Erfahrung darstellt. Er wird dann ebenso blitzschnell erkennen, daß die meisten sprachlichen Äußerungen von Menschen weder konkret noch vollständig sind. Wenn er eine nicht konkrete Äußerung hört, wird er solange nachfragen, bis sie konkret ist. Und wenn er Äußerungen hört, die Erfahrungen unvollständig in Worte fassen, wird er so lange fragen, bis er eine vollständige Information hat.

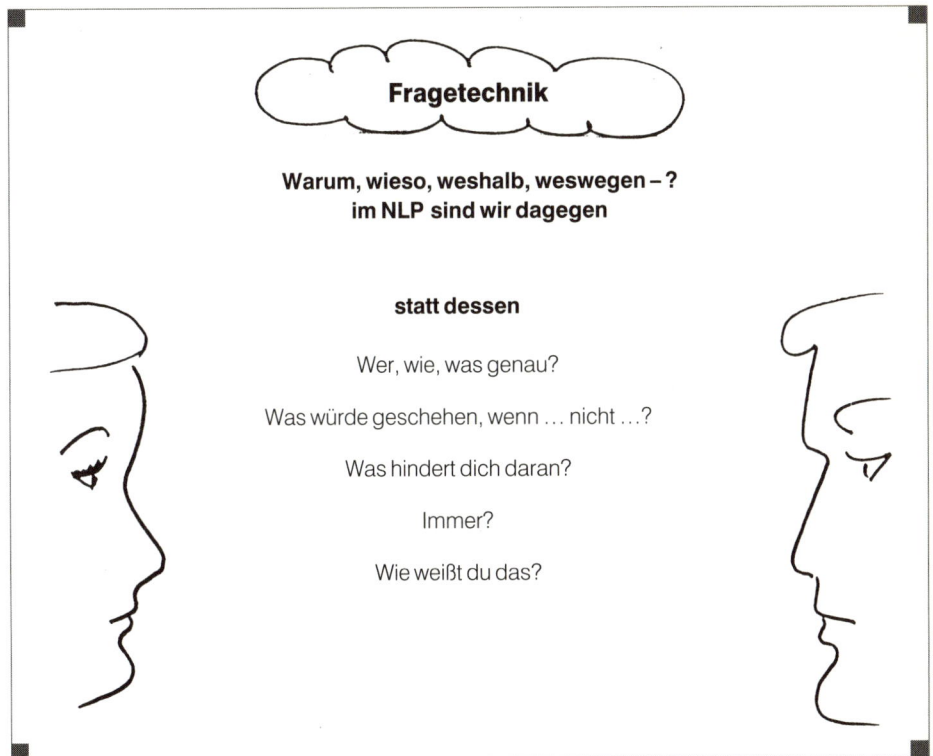

Fragetechnik

Warum, wieso, weshalb, weswegen – ?
im NLP sind wir dagegen

statt dessen

Wer, wie, was genau?

Was würde geschehen, wenn … nicht …?

Was hindert dich daran?

Immer?

Wie weißt du das?

Nehmen Sie die sprachliche Äußerung: „Vater trinkt". Wenn Sie sich von diesen Informationen ein Bild machen, werden Sie vor Ihrem inneren Auge einen Mann mittleren Alters haben, der ein Trinkgefäß zum Munde führt. Wenn Sie sich nicht dazu verführen lassen, an Alkohol zu denken, obwohl darüber nichts ausgesagt wurde, werden Sie das jetzt als erstes erfragen. „Was trinkt er?" Und da Sie eine Intuition für vollständige Erfahrungen haben, wird Ihnen jetzt deutlich, wie viele weitere Fragen Sie noch stellen können, nämlich wie viel? wann? mit wem? wo? wie oft? seit wann? und so weiter, bis Sie eine hinreichend vollständige Information haben.

Als nächstes möchte ich Ihnen die sprachliche Äußerung: „Keiner liebt mich" vorstellen. Auf eine solche Mitteilung neigen Menschen dazu, warum zu fragen. Das ist nicht sehr produktiv, denn auf eine solche Frage bekommen Sie zumeist sogenannte „Rationalisierungen" zur Antwort, das sind logische Erklärungen für einen Sachverhalt, aber keine zusätzlichen Informationen. Die betreffende Person könnte Ihnen mitteilen: „Vielleicht bin ich nicht liebenswert", und diese Antwort führt Sie nicht weiter. Wenn Sie sich aber intern die Frage stellen, worin weicht diese sprachliche Äußerung „Keiner liebt mich" von dem ab, was die Beschreibung einer Erfahrung sein könnte, wird Ihnen auffallen, das Sie „keiner" intern nicht abbilden können, weil das eine Verallgemeinerung darstellt, die es nur in der Sprache gibt und nicht in der Erfahrung. Dann kämen Sie auf die Idee, zu fragen: „Wer ist keiner?" Die Antwort auf eine solche Frage ist in der Regel die Identifizierung einer bestimmten Person oder bestimmter Personen.

Wenn Ihnen dieses Prinzip, Verallgemeinerung zu hinterfragen, geläufig geworden ist, werden Sie solche Rätsel, wie das obige, lösen können, weil Sie dann wahrscheinlich sofort die erste Verallgemeinerung in der Äußerung hinterfragen würden: „Was ist das für ein Mann?" Und darauf würden Sie die Antwort bekommen: „Ein Zwerg, der den Knopf zur 25. Etage nicht erreicht."

Es gibt auch Verben, die Verallgemeinerungen darstellen. Ein Beispiel dafür ist die folgende Äußerung: „Mein Freund hat mich verletzt." Das Wort „verletzt" in diesem Satz ist nicht hinreichend spezifiziert. Der Freund könnte die Person geohrfeigt, ihren Geburtstag vergessen oder einer Bitte nicht entsprochen haben. Wenn Sie ein solch ungenaues Verb in der Äußerung Ihres Gegenübers hören, fragen Sie: „Was genau hat er gemacht?"

Auch die Äußerung: „Mein Vorgesetzter hält nicht viel von mir" ist keine Beschreibung einer Erfahrung. Wenn sie das wäre, könnten die Betreffenden in den Kopf ihres Vorgesetzten hineinschauen. Eine solche Äußerung nennen die Linguisten „Gedankenlesen". In dieser Form äußern sich Menschen häufig. Das beschreibt aber keine Erfahrung, sondern stellt eine Schlußfolgerung aus Erfahrungen dar, worüber sie nicht sprechen. Wenn ich Gedankenlesen hinterfrage, formuliere ich das folgendermaßen: „Wie weißt du das?" und erhalte eine weitere Erfahrungsinformation.

Es gibt noch zwei besondere Formen von Äußerungen, die nach dem NLP-Prinzip des Hinterfragens wichtige Informationen zutage fördern. Das sind einmal Äußerungen, in denen Menschen Worte wie „müssen", „notwendig", „sollte" verwenden. Wenn Menschen sich so äußern, deuten sie damit an, daß sie Erfahrungen gemacht haben, die ihre Handlungsmöglichkeiten erheblich einschränken, wobei sie nicht aussprechen, welche Erfahrungen diese Einschränkung bewirkt haben. Die Frage: „Was würde geschehen, wenn Sie das nicht täten?" veranlaßt den Betreffenden, sich diese Erfahrungen wieder bewußt zu machen. Wenn Sie eine Äußerung mit solchen Worten hören, wie beispielsweise: „Einem Vorgesetzten sollte man nicht widersprechen", fragen Sie: „Was würde geschehen, wenn Sie das täten?" Sie veranlassen damit den Sprecher, sich seiner Befürchtungen bewußt zu werden und Ihnen das mitzuteilen.

Wenn Menschen in ihren Äußerungen Worte wie „nicht möglich", „nicht können", „nicht dürfen", „nicht vermögen", „außerstande sein" verwenden, deutet das darauf hin, daß sie Erfahrungen mit eigenem Verhalten gemacht und dabei ihre Ziele nicht erreicht haben und diese Erfahrungen ebenfalls nicht mitteilen. Die Frage: „Was hindert Sie daran?" veranlaßt den Betreffenden, sich diese Erfahrungen wieder zugänglich zu machen. Wenn Sie einen Satz wie den folgenden hören: „Ich kann diese Aufgabe nicht erledigen", fragen Sie: „Was hindert Sie daran?"

Es gibt noch viele weitere Satzkonstruktionen, die Sie lernen können, nach diesem Prinzip zu hinterfragen, um zusätzliche Informationen zu erhalten. Sie alle anzuführen, würde den Rahmen dieses Überblicks sprengen. Diese Fragetechnik zu beherrschen, ist im Beratungs- und Coachingzusammenhang sehr wichtig: Wenn Menschen Probleme haben, werden ihnen diese zumeist in einer sehr vagen und undeutlichen Weise bewußt. Sie spüren zumeist nur unangenehme Gefühle in bezug auf irgendein Thema oder eine Sache. Was genau das Problem dabei ist, ist ihnen zumeist nicht bewußt. Manchmal reicht sogar eine gute Fragetechnik, um Menschen zur Problemlösung zu befähigen. Ich habe in der Beratung schon häufiger die Erfahrung gemacht, daß allein meine Fähigkeit, Fragen zu stellen, die Gedanken meines Gesprächspartners so strukturiert hat, daß er die Lösung seines Problems selber finden konnte. Mehr war nicht nötig.

Auch im Alltag ist eine solche Fragetechnik nützlich, denn Menschen äußern sich zumeist sehr vage, eingeschränkt und ungenau. Mein Lebenspartner geht in der Regel davon aus, als sei ich telepathisch in seine intimsten Gedankengänge eingeweiht, wenn er beispielsweise am Frühstückstisch seine Mitteilung auf folgende Äußerung beschränkt: „Die Sachen für morgen liegen dahinten." Ich habe vier NLP-Fragen stellen müssen, um herausfinden, worum es sich bei dieser Mitteilung handelte. Meine erste Frage war: „Welche Sachen meinst du?" Daraufhin bekam ich die Information: „Die Werkzeuge und Schrauben, die ich gestern gekauft habe." Meine zweite Frage: „Wo liegen die Sachen?" förderte die Information „auf dem Balkon" zutage. Auf meine dritte Frage: „Wofür werden die Sachen morgen gebraucht?" ließ er mich wissen, daß damit geplant war, am morgigen Freitag den Gartenzaun auszubessern. Aber erst eine weitere Frage setzte mich endgültig ins Bild, nämlich diese: „Zu welchem Zweck brauche ich diese Information?" Jetzt erfuhr ich, daß er mit dem Nachbarn verabredet hatte, mit ihm zusammen den Gartenzaun auszubesssern, daß dieser aber wahrscheinlich früher von der Arbeit zurücksein würde als er und schon beginnen wollte. Ich sollte ihm dann mitteilen, wo er „die Sachen" finden konnte.

Menschen, die im Berufsleben die Verantwortung für gemeinsames Handeln tragen, lernen in der Regel, für andere verständliche Mitteilungen zu formulieren. Sie gehen aber auch häufig davon aus, als verfüge ihr Gegenüber über telepathische Fähigkeiten. Wenn Sie NLP-Fragen beherrschen, können Sie schnell alle nötigen Informationen einholen. Diese Fragetechnik befähigt Sie auch, Problemstrukturen sehr schnell aufzuklären. Und Sie haben darin noch eine andere Möglichkeit, nämlich Ausflüchte Ihrer Mitarbeiter zu vereiteln. Diese können sich dann nicht mehr hinter einem „ich kann nicht" verstecken, weil Sie dann fragen: „Was hindert Sie daran?" Mit NLP-Fragen lernen Sie auch einen wirkungsvollen Umgang mit Einwänden. Mit drei Fragen, erstens: „Was würde geschehen, wenn ...", zweitens: „Wie können Sie dem vorbeugen?" und drittens: „Wie können Sie damit umgehen?" können Sie in der Regel Einwände produktiv auflösen.

Vielleicht noch ein wichtiger Hinweis: In Beratungszusammenhängen sind NLP-Fragen in Ordnung. Ihr Klient geht dabei davon aus, daß Ihre Fragen nützlich sind. Er fühlt sich dadurch unterstützt. In beruflichen Zusammenhängen könnte genaues Nachfragen Ihr Gegenüber aber auch bedrängen. Fragetechnik kann auch in Frageterror ausarten und die Beziehung belasten.

4. Ziele setzen

Sie haben vielleicht „Alice im Wunderland" von Lewis Carroll gelesen. Dann kennen Sie die Stelle, an der Alice die Katze fragt: „Würdest du mir bitte sagen, wie ich von hier aus weitergehen soll?" Die Katze antwortet darauf: „Das hängt zum größten Teil davon ab, wohin du möchtest." „Ach, wohin ist mir eigentlich gleich", sagt daraufhin Alice. „Dann ist es auch egal, wie du weitergehst", antwortet die Katze.

Menschen haben oft keine oder nur vage Vorstellungen von dem, was sie wollen. Sie leben, und das ist auch in Ordnung. Aber wenn sie keine Ziele haben, werden äußere Umstände oder andere Menschen leicht darauf Einfluß nehmen können, wohin sie gehen. Und es könnte sein, daß sie dann irgendwo ankommen und mit diesem Ziel nicht zufrieden sind.

Wenn Sie Ziele erreichen wollen oder es zu Ihren beruflichen Aufgaben gehört, Ziele zu erreichen, dann wäre es sinnvoll, konkrete Vorstellungen dieser Ziele zu entwickeln. In einer NLP-Ausbildung können Sie lernen, an welchen Kriterien Sie sich orientieren können, wenn Sie sich Ziele setzen. Wenn diese Kriterien berücksichtigt werden, spricht man von wohlgeformten Zielen.

Diese Kriterien möchte ich Ihnen im folgenden vorstellen und erläutern.

Ein Ziel sollte im eigenen Kompetenzbereich liegen

Dieses Kriterium ist das wichtigste Zielkriterium. Viele Menschen scheitern an der Mißachtung dieses Kriteriums, weil sie wollen, daß andere Menschen ihr Verhalten ändern. Sie wollen, daß ihre Mitarbeiter engagiert arbeiten, daß ihr Vorgesetzter ihnen aufmerksam zuhört, daß ihre Partner Interesse an Ihren Problemen zeigen. Eine solche Zielformulierung und vor allem die Haltung, die dahinter steht, weist ihnen selbst eine passive Rolle zu. Wenn Sie solche Ziele haben, fragen Sie sich: „Was kann ich tun, damit die anderen Menschen das tun, was ich von ihnen wünsche." Dann werden Sie ein Ziel formulieren können, das Sie selber zum Handeln aktiviert. Sie werden dann auf Ideen kommen, wie Sie sich verhalten können, den ersten Schritt tun und auch weiterhin dafür sorgen, daß das Ziel erreicht wird. Sie werden dann wissen, daß Sie Ihre Mitarbeiter motivieren wollen, daß Sie Ihrem Vorgesetzten eine kurze Darstellung Ihres Vorhabens vortragen müssen und Ihre Partner bitten wollen, Ihre Probleme zu durchdenken und Ihnen Rückmeldungen zu geben.

Das Ziel sollte positiv formuliert sein

Der Sinn dieses Zielkriteriums wird Ihnen sofort einleuchten, wenn ich Sie jetzt bitte, nicht an den grünen Elefanten zu denken. Sie werden merken, daß Sie dieser Aufforderung nicht wirklich folgen können. Vor Ihrem inneren Auge taucht spontan ein grüner Elefant auf. Sein Bild drängt sich Ihnen auf. Das liegt daran, daß Sie das „nicht" bildlich nicht repräsentieren können. Negationen kommen nur in unserer Sprache vor, nicht in unserem visuellen Vorstellungsvermögen. Wenn Sie sich ein Ziel mit einer Negation vorstellen, machen Sie sich immer eine Vorstellung von dem, was Sie überwinden wollen. Und diese Vorstellung hält Sie in der Regel im Problemzusammenhang fest. Wenn Sie aus der häßlichen Stadt, in der Sie wohnen, fort wollen, kann Ihnen das vielleicht gelingen. Aber wenn Sie fortgehen, könnte es sein, daß Sie wieder in einer häßlichen Stadt ankommen. Wenn Sie sich dagegen eine positive Vorstellung von dem machen, was Sie erreichen wollen, können Sie wissen, in welche Richtung Sie gehen müssen, um zu Ihrem Ziel zu kommen. Unterwegs haben Sie Anhaltspunkte, um zu beurteilen, wie weit Sie schon gekommen sind und ob Sie noch auf dem richtigen Wege sind. Selbst wenn Sie Umwege machen müssen, verlieren Sie Ihr Ziel nicht aus den Augen, denn Sie wissen, wo es liegt und wie es aussieht.

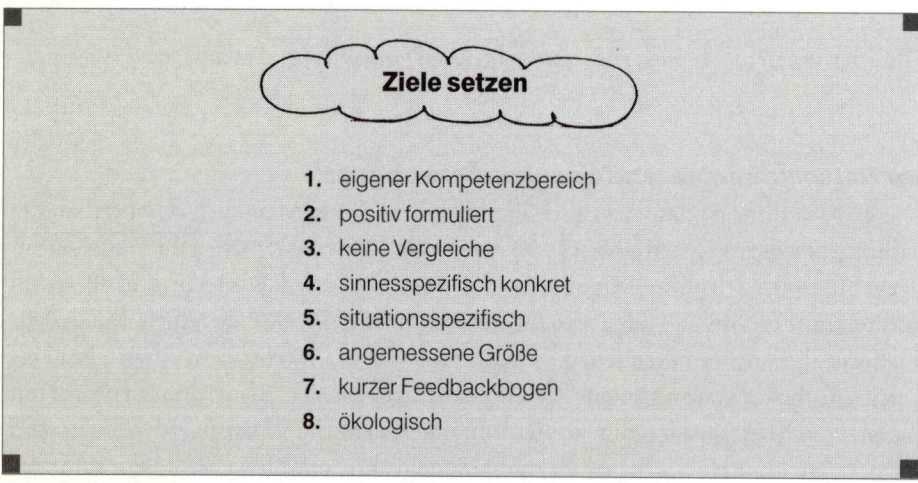

Ziele setzen

1. eigener Kompetenzbereich
2. positiv formuliert
3. keine Vergleiche
4. sinnesspezifisch konkret
5. situationsspezifisch
6. angemessene Größe
7. kurzer Feedbackbogen
8. ökologisch

Das Ziel sollte keine Vergleiche enthalten

Sie sollten auch darauf achten, daß Ihre Zielsetzungen keine Vergleiche enthalten, weil davon eine ähnliche Wirkung ausgeht wie von Negationen. Wenn Sie mehr Geld verdienen oder weniger wiegen wollen, wenn Sie selbstbewußter auftreten oder sich sicherer fühlen wollen, liegt der Fokus Ihrer Aufmerksamkeit immer noch bei dem, wovon Sie weg wollen, und Ihr inneres Bild bleibt dem verhaftet, was Sie überwinden wollen. Sie wissen nicht, wieviel Geld Sie verdienen wollen, wie Sie aussehen, wenn Sie Ihr gewünschtes Gewicht erreicht haben, welche Haltung Sie einnehmen werden, wenn Sie selbstbewußter sind, oder welches Gefühl Sie haben, wenn Sie sich sicherer fühlen. Ist es innere Ruhe, Gelassenheit oder Souveränität?

Das Ziel sollte situationsspezifisch sein

Dieses Zielkriterium berücksichtigt den Umstand der Angemessenheit. Alle Dinge des menschlichen Lebens, Gefühlsreaktionen ebenso wie Verhaltensweisen können unter bestimmten Umständen angemessen, in anderen Situationen aber unangemessen sein. Eine elegante Kleidung ist in der Oper angemessen, in der Kneipe um die Ecke kann sie unangemessen sein. Der Gebrauch von Fremdwörtern ist in einer Diskussionsrunde mit Experten angemessen, dem Mann in der Pförtnerloge gegenüber jedoch weniger. Ärger kann angemessen sein, wenn jemand Ihre Werte verletzt, einem Kinde gegenüber, das nicht sofort versteht, was Sie meinen, jedoch weniger. Wegsehen ist angemessen, wenn Sie bemerken, daß jemandem etwas Peinliches passiert, jedoch nicht angebracht, wenn Sie bemerken, daß Ihr Mitarbeiter sich über Spielregeln hinwegsetzt.

Das Ziel sollte sinnesspezifisch konkret sein

Hierbei geht es darum, es bei vagen Vorstellungen nicht zu belassen, wenn Sie ein Ziel erreichen wollen. Denn wenn Ihr Ziel abstrakt bleibt, haben Sie keine Kriterien, an denen Sie feststellen können, wann Sie es erreicht haben. Wenn Sie reich werden wollen oder berühmt, woran werden Sie dann erkennen, daß Sie das sind? Bei Zielen wie Geld und Macht werden Menschen nur allzu leicht verleitet, das, was sie wirklich wollen, aus den Augen zu verlieren, weil solche Ziele kein Maß haben, das ihnen innewohnt. Sie aber können sich Gedanken machen, was Sie wirklich wollen und woran Sie die Zielerreichung erkennen können. Dabei ist es sinnvoll, sich sinnesspezifisch konkrete Vorstellungen zu machen, woran Sie die Erreichung Ihres Zieles erkennen werden. Es ist lohnend, sich diese Frage in allen Sinnessystemen vorzulegen: Was werde ich sehen, wenn ich mein Ziel erreicht habe? Was werde ich dann hören? Und was werde ich fühlen?

Das Ziel sollte eine angemessene Größe haben

Bei diesem Zielkriterium geht es um Ihre Motivation. Wenn Sie große Ziele haben, könnten die Anstrengungen, die Sie aufbringen müssen, um sie zu erreichen, Sie entmutigen. Sie sollten Ihr Ziel dann in mehrere kleinere Teilziele aufteilen, die Sie nach und nach in Angriff nehmen, nach dem Motto: „Wie ißt man einen Elefanten? Bissen für Bissen."

Das Ziel sollte einen angemessenen Feedbackbogen aufweisen

Auch hierbei geht es um die Motivation. Manche Menschen setzen sich langfristige Ziele und haben dann das Gefühl, daß sie noch viel Zeit haben, um damit anzufangen. Solche Ziele formulieren Sie dann beispielsweise so: „Ich möchte in 14 Tagen 2 Kilo abnehmen." Dann denken Sie: „14 Tage sind noch weit hin. Heute abend kann ich noch schlemmen." Wenn Sie bemerken, daß Ihr Ziel einen langen Feedbackbogen aufweist, stellen Sie sich die Frage: „Woran werde ich morgen erkennen, daß ich mein Ziel erreichen werde?" Wenn Sie sich über die Zeitspanne bis zur Zielerreichung derartige detaillierte Verhaltenspläne machen, können Sie Ihren inneren „Schweinehund" überlisten.

Das Ziel sollte ökologisch sein

Menschliches Handeln kann nicht isoliert betrachtet werden. Es ist eingebettet in das Handeln anderer Menschen. Die Veränderung, die Handeln bewirkt, hat aber in der Regel auch Folgen für andere Aspekte des eigenen Lebens. Wenn Sie dieses Kriterium der Ökologie beim Nachdenken über Ihre Ziele berücksichtigen, wissen Sie im voraus über mögliche negative Folgen Ihres Handelns Bescheid und müssen sich davon nicht überraschen lassen.

Wenn Sie im voraus über die Folgen Ihrer Zielerreichung nachdenken, können Sie mögliche negative Folgen nicht nur bedenken, sondern sich darauf vorbereiten, mit diesen angemessen umzugehen. Sie können versuchen, ihnen vorzubeugen. Wenn das nicht möglich ist, können Sie sich überlegen und darauf vorbereiten, wie Sie mit eventuellen ungewünschten Folgen umgehen werden. Wenn es bei dieser reflektierenden und planenden Voraussicht noch mögliche negative Konsequenzen gibt, dann steht es Ihnen offen, Ihre Ziele dementsprechend zu modifizieren. Auf diese Weise sorgen Sie dafür, daß keine unvorhergesehenen Konsequenzen drohen, die Ihnen Probleme bereiten werden. Sie sorgen auch dafür, daß solche unbedachten Konsequenzen Ihre Pläne nicht zum Scheitern bringen.

5. Anweisungen geben

Wenn Sie wohlgeformte Ziele formulieren können, besitzen Sie eine Fähigkeit, die Sie auch einsetzen können, wenn Sie von anderen etwas wollen oder wenn Sie andere mit einer Aufgabe betrauen.

Im NLP gibt es etwas, was „Die Schule des Wünschens" genannt wird. Die „Schule des Wünschens" ist eine Vorgehensweise für die Paarberatung, wobei Paare Lebenspartner, Ehepartner, Freunde, Geschwister, Erben, Kollegen, Vorgesetzte und Mitarbeiter sein können. In der „Schule des Wünschens" lernen Paare, Kritik, Vorwürfe und sogenannte „fehlgeformte" Wünsche in „wohlgeformte" Wünsche zu verwandeln. Für die Formulierung von Wünschen an die Adresse anderer gibt es über die Zielkriterien hinaus noch einige zusätzliche Kriterien.

Kennen Sie das? Aufgebrachte Ehefrau an die Adresse des Ehemannes:

Laß doch deine schmutzige Wäsche nicht immer rumliegen!
Du könntest wirklich etwas rücksichtsvoller sein!
Und ein bißchen mehr Interesse auch für meine Arbeit zeigen!
Und was mich am meisten ärgert, ist, daß dein Vater hier raucht.
Ich will nicht mehr, daß dein Vater in unserer Wohnung raucht!
Und ich möchte, daß du im Haushalt hilfst!
Den Garten solltest du dieses Jahr endlich mal in Ordnung bringen!
Du könntest morgens wirklich etwas früher aufstehen,
Und auch mal den Müll runterbringen!
Außerdem möchte ich, daß wir mehr miteinander unternehmen.

Das sind neun sogenannte fehlgeformte Wünsche. Wohlgeformte Wünsche beginnen mit „Ich wünsche mir von dir, daß du ..." Und sie müssen neun Kriterien genügen, von denen Sie die meisten schon kennen.

Wohlgeformte Wünsche liegen im Kompetenzbereich des Partners

Statt: Ich will nicht, daß dein Vater in unserer Wohnung raucht!

So: Ich wünsche mir von dir, daß du mit deinem Vater sprichst und ihn bittest, in unserer Wohnung nicht zu rauchen.

Wohlgeformte Wünsche sind positiv formuliert

Statt: Laß doch deine schmutzige Wäsche nicht immer rumliegen!

So: Ich wünsche mir von dir, daß du deine schmutzige Wäsche gleich in den Wäschekorb tust.

Wohlgeformte Wünsche enthalten keine Vergleiche

Statt: Du könntest wirklich etwas kommunikativer sein!

So: Ich wünsche mir von dir, daß du dich zu uns setzt, wenn meine Schwester zu Besuch kommt.

Wohlgeformte Wünsche sind situationsbezogen

Statt: Du könntest ein bißchen mehr Interesse für meine Arbeit zeigen.

So: Ich wünsche mir von dir, daß du dir, wenn ich nach Hause komme, eine Viertelstunde Zeit nimmst und mir zuhörst, wenn ich von meiner Arbeit erzähle.

Wohlgeformte Wünsche sind sinnesspezifisch konkret

Statt: Ich möchte, daß du im Haushalt hilfst.

So: Ich wünsche mir von dir, daß du einmal in der Woche Staub saugst.

Wohlgeformte Wünsche haben einen kurzen Feedbackbogen

Statt: Ich möchte, daß du dieses Jahr den Garten in Ordnung bringst.

So: Ich wünsche mir von dir, daß du bis zum Urlaub jedes Wochenende einen halben Tag im Garten arbeitest.

Wohlgeformte Wünsche sind im Indikativ formuliert

Statt: Du könntest morgens wirklich etwas früher aufstehen.

So: Ich wünsche mir von dir, daß du in der Woche morgens um sieben aufstehst.

Wohlgeformte Wünsche enthalten keine Reizwörter wie „immer, endlich, nur, einmal, wenigstens"

Statt: Du könntest auch mal den Müll runterbringen.

So: Ich wünsche mir von dir, daß du montags den Müll runterbringst.

Wohlgeformte Wünsche sind keine „Wir-Wünsche"

Statt: Ich möchte, daß wir mehr miteinander unternehmen.

So: Ich wünsche mir von dir, daß du am kommenden Samstag mit mir ins Kino gehst.

Wohlgeformte Wünsche haben Vorteile gegenüber Vorwürfen. Sie stellen Ich-Botschaften dar und stoßen den anderen nicht vor den Kopf. Sie sind positiv formuliert und konfrontieren den Partner nicht mit seinen Mängeln. Und sie sind so genau, daß der Partner weiß, was er tun soll, wenn er bereit ist, mir meinen Wunsch zu erfüllen.

Ich denke, Sie können sich vorstellen, daß die Kunst der wohlgeformten Wünsche in einigen Situationen auch im Berufsleben nützlich sein kann. Sie würden dann vielleicht nicht so oft solche Sätze hören oder selber solche Sätze sagen wie die folgenden:

Negationen: Lassen Sie doch Ihr Werkzeug *nicht* immer rumliegen

Vergleiche: Sie könnten wirklich etwas *kooperativer* sein!

Kompetenzbereich: Ich möchte nicht, *daß Ihre Azubis im Klo rauchen.*

Situationsbezogen: Sie könnten ein bißchen mehr Interesse für die Schwierigkeiten Ihrer Kollegen aufbringen.

Sinnesspezifisch konkret: Ich möchte, daß Sie Ihren Kollegen unterstützen.

Kurzer Feedback: Ich möchte, daß Sie dieses Jahr das Projekt zum Abschluß bringen.

Indikativ: Ich *wünschte, Sie würden* etwas mehr Interesse an Ihrer Arbeit zeigen.

Reizwörter: Sie könnten *auch mal* das Protokoll übernehmen!

Wir-Botschaften: Wir sollten mehr kooperieren.

Selbstverständlich steht es Ihnen frei, Ihre Äußerungen so zu formulieren, wie es Ihnen oder der Situation angemessen erscheint. Wenn Sie jedoch Interesse daran haben,

Ihren Gesprächspartner nicht vor den Kopf zu stoßen, ihn auch nicht mit seinen Mängeln zu konfrontieren, sondern ihn gezielt zu informieren, was er tun soll, dann könnten sie wohlgeformte Anweisungen wählen.

6. Konfliktmanagement

In einer NLP-Ausbildung erwerben Sie auch grundlegende Fähigkeiten des Umgangs mit Konflikten. Dazu gehören erstens Vorgehensweisen, mit denen Sie eigene innere Konflikte oder Ambivalenzen auflösen können und auch andere dabei unterstützen können. Im NLP lernen Sie auch Vorgehensweisen, wie Sie aus Konflikten mit einer anderen Person systematisch lernen können, um im nächsten Konfliktfall sinnvoller vorgehen zu können als bisher. Sie lernen, wie Sie bei aktuellen Interessenkonflikten eine optimale Lösung ansteuern können. Und Sie lernen, bei Konflikten zwischen zwei anderen Personen als Berater zu fungieren und zu vermitteln.

Konfliktberatung setzt kommunikative Fähigkeiten in einem hohen Ausmaß voraus. Sie haben nicht nur eine Person vor sich, deren Vertrauen Sie brauchen, sondern zwei, in denen Sie Vertrauen in Ihre Person hervorrufen und aufrechterhalten müssen, um von beiden als Berater akzeptiert zu werden. Schon um den Beginn einer solchen Konfliktberatung erfolgreich zu gestalten, müssen Sie in der Lage sein, zwei grundlegende Prinzipien zu beherrschen.

Das erste dieser Prinzipien wird das „dyadische Prinzip" genannt. Dabei geht es darum, daß die Gespräche innerhalb dieser Konfliktberatung immer nur zwischen zwei Personen geführt werden dürfen. Interaktionen zu dritt verlaufen tödlich. Sie als Berater sprechen also immer entweder nur mit der einen oder nur mit der anderen Person. Wenn sich bei Ihrem Gespräch mit einem Partner der andere einmischt, haben Sie die Aufgabe, sofort zu intervenieren und das dyadische Prinzip sicherzustellen.

Genau so wichtig wie das dyadische Prinzip ist das Prinzip der „Nicht-Identifikation". Sie als Berater dürfen sich nicht zum Verbündeten eines Partners machen. In einem solchen Fall würde der andere seine Kooperation sofort aufkündigen. Bei diesem Prinzip geht es nicht nur darum, mit Willen und Bewußtsein die eigene Unparteilichkeit zu kontrollieren. Es geht darum, kongruent unparteilich zu sein. Denn wenn Sie Parteilichkeit nicht kongruent ausschließen können, werden Sie unbewußt verbale oder nonverbale Signale senden, beispielsweise einen Partner mehr spiegeln als den anderen. Zur Konfliktvermittlung gehören also alle subtilen Beziehungsfähigkeiten und das Vermögen, sie in absolut gleichem Maße den Konfliktpartnern gegenüber zu zeigen.

Konfliktberatung stellt auch an Ihr Wahrnehmungsvermögen erhöhte Ansprüche. Sie müssen zwei Menschen im Blickfeld haben und die physiologischen Reaktionen von zwei Personen aufmerksam wahrnehmen. Darüber hinaus brauchen Sie eine weitere Wahrnehmungsfähigkeit, die nicht ganz einfach zu erwerben ist. Wenn Sie NLP lernen, erwerben Sie die Fähigkeit, mentale Muster Ihres Gesprächspartners zu identifizieren. Als Konfliktberater lernen Sie, unbewußte Muster, die sich in der Paarbeziehung herausgebildet haben, zu identifizieren. Diese Muster werden „kalibrierte Schleifen" genannt. Sie bestehen darin, daß ein Partner ein Verhalten zeigt, das zum Auslösereiz für eine ungewünschte Reaktion beim anderen wird. Zum Beispiel: A macht eine Aussage, auf die hin B eine Augenbraue hochzieht, daraufhin wird A ausfallend im Ton, was B zu einem Wutausbruch hinreißt. In der NLP-Practitioner-Ausbildung lernen Sie, solche „kalibrierten Schleifen" zu entdecken und mehrere Möglichkeiten, sie zu verändern.

In einer NLP-Master-Ausbildung lernen Sie darüber hinaus Formate der Konfliktberatung kennen, nach denen man eine komplette Konfliktberatung durchführen kann. Sie stellen einen roten Faden dar, an dem sich ein Berater orientieren kann, um zielgerichtet auf eine Lösung hinzuarbeiten. Gleichzeitig bieten sie ein vielseitiges Spektrum an Möglichkeiten, wie man je nach Verlauf des Vermittlungsgesprächs immer wieder flexibel reagieren kann.

7. Indirekte Kommunikation

Zur NLP-Ausbildung gehört ein weiteres Sprachmodell, nämlich eine Sammlung sprachlicher Muster, um Klienten in Trance zu versetzen, das sogenannte Milton-Modell. NLP-Berater lernen diese hypnotischen Sprachmuster für die Therapie in Trance.

Diese Sprachmuster sind aber auch für die Alltagskommunikation nützlich. Es geht dabei um indirekte Kommunikation. Im Berufsleben in unserem Lande wird die klare und direkte Sprache gesprochen. Klare und direkte Anweisungen zu erteilen hat Vorteile, dem Empfänger wird deutlich, was er tun soll. Aber diese Sprache hat auch manchmal Nachteile, nämlich wenn ich es mit Menschen zu tun habe, die nicht gern Anweisungen entgegennehmen oder im Befehlston mit sich reden lassen wollen. Direkte Kommunikation kann eben auch häufig Widerstand erzeugen.

Wenn Sie den Befehlston nicht lieben oder Widerstand vermeiden wollen, können Sie lernen, indirekt zu kommunizieren. Vor allem, wenn es primär darum geht, den Impuls zu geben, daß Ihr Gesprächspartner tätig werden soll, wobei ihm klar ist, was zu tun ist, hat die indirekte Kommunikation Vorteile. Indirekte Sprache macht Angebote, wirkt anregend und stimulierend. Ihr Gegenüber hat dabei die Freiheit, anzunehmen oder abzulehnen. In der Realität werden Sie jedoch merken, daß die Möglichkeit abzulehnen seltener genutzt wird, als wenn Sie anweisen oder befehlen würden. Indirekte Kommunikation ist in bestimmten Situationen wirksamer als direkte Kommunikation.

Zu den sogenannten hypnotischen Sprachmustern gehören beispielsweise eingebettete Kommandos. Wenn Sie jemanden dazu bringen wollen, seinen Vortrag zu been-

Indirekte Kommunikation

Hypnotische Sprachmuster:

„Sie haben mir jetzt eine gute Vorstellung von Ihrem Vorhaben vermittelt, so daß ich denke, daß wir dieses Gespräch abschließen können."

„Ich möchte, daß Sie hier nicht aufbrechen, bevor Sie sich diese Übersicht angeschaut haben."

„Gibt es jemanden, der mit diesem Flipchart besser zurechtkommt als ich?"

den und zu verschwinden, können sie sagen: „Ich möchte Sie jetzt bitten, Ihren Vortrag zu beenden!" Das ist höflich. Sie können auch sagen. „Mir reicht es jetzt." Das ist nicht so höflich. Sie können Ihr Ziel aber auch in einen erweiterten sprachlichen Zusammenhang einbetten: Das hört sich dann so an: „Sie haben mir jetzt eine gute Vorstellung von Ihrem Vorhaben vermittelt, so daß ich denke, daß wir dieses Gespräch abschließen können."

Auch eingebettete negative Kommandos haben dieselbe Wirkung wie eingebettete positive Kommandos. Wenn Sie ein Gespräch beenden wollen, können Sie auch sagen: „Ich möchte, daß Sie hier nicht aufbrechen, bevor Sie sich diese Übersicht angeschaut haben." Ihr Gast wird wissen, daß das Gespräch zu Ende ist.

Sie können aber nicht nur Kommandos einbetten, um dem Bewußtsein Ihres Gegenübers zu verheimlichen, daß Sie Reaktionen bei ihm auslösen wollen, sondern auch Zitate und Fragen einbetten. Wenn Sie Ihre Seminarteilnehmer zum Üben in Rollenspiele schicken wollen, hört sich ein eingebettetes Zitat so an: „Ich hatte mal eine Gruppe, die war ganz heiß auf Rollenspiele. Ich brauchte nur zu sagen: Fangt an! Und schon stürmten sie los in die Gruppenräume." Wenn Sie jemanden veranlassen wollen, Ihnen bei irgendeinem Medium oder technischem Gerät zu helfen, hört sich eine eingebettete Frage so an: „Gibt es jemanden, der mit diesem Flipchart besser zurechtkommt als ich?"

Es gibt sehr viele indirekte Möglichkeiten, jemandem zu sagen, daß er sich hinsetzen soll, daß er mit der Arbeit anfangen soll, oder daß er verschwinden soll. Überprüfen Sie, welche Impulse Sie bekommen, wenn Sie folgende Äußerungen lesen:

Eingebettete Kommandos
Es gibt mehrere Möglichkeiten, mit einem solchen Problem umzugehen, man kann es vergessen, man kann es delegieren und man kann es selber angehen.

Analoges Markieren
Wenn man auf jemanden wartet, wird die Zeit so lang, und man spürt zum Beispiel den Impuls, irgend etwas Sinnvolles zu tun.

Negative Kommandos
Bitte nicht den Kunden bedienen, bevor du dir die Krawatte gerichtet hast.

Eingebettete Zitate
Ich hatte mal einen Ausbilder, der war ein ganz scharfer Bursche. Kaum sah er einen Kunden ohne Bedienung, schon zischte er uns an: Ein Kunde wartet auf Bedienung!!!

Eingebettete Fragen

Ich bin gespannt, wie du mit diesem Kunden fertig wirst.

Bewußtseinswörter

Haben Sie bemerkt, daß dort ein Kunde wartet?

Zeitliche Präpositionen

Wenn Sie sich inzwischen diese Prospekte ansehen, hole ich schnell die anderen Unterlagen.

Prozeßwörter

Wenn du in den Keller gehst, um aufzuräumen, kannst du das Altpapier mitnehmen.

Adjektive und Adverbien

Wie schnell kannst du lernen, dich umzustellen?

Oder

Sie können den Kunden direkt beraten oder ihm Vorschläge machen oder sich von seinen Wünschen leiten lassen.

Ordnungszahlen

Ist es das erste Mal, daß Sie das Protokoll schreiben?

8. Metaphorische Kommunikation

Es war einmal ein König, der hielt einen großen Klumpen puren Goldes in seinen Händen und erfreute sein Herz daran. Und als er so darüber nachsann, welches Geschick diesen Reichtum in seine Hand gebracht und welches Gefühl des Glücks dieser Reichtum in seiner Brust entfachte, fiel ihm die Geschichte vom Hans im Glück ein, der auch gleich ihm einen solchen Klumpen Goldes besessen, und ihn doch so schnell wieder verloren hatte. Den Klumpen Goldes tauschte er gegen ein Pferd, dieses gegen eine Kuh, die Kuh gegen ein Schwein, das Schwein gegen eine Gans, die Gans gegen einen Wetzstein, den er verlor; und jeder Tausch dünkte ihn vorteilhaft.

„Wie dumm dieser arme Hans sein Glück vertat", sprach der König bei sich. „Da irrst du", wandte sein Hofnarr ein. „Nicht jener Hans ist dumm und arm, Ihr seid's. Denn Ihr braucht den Besitz des Goldes Euch zur Freude. Der Hans im Glück besaß die Freude. Er brauchte dazu nur sein Herz."

Geschichten zu erzählen hat eine uralte Tradition. Mit Geschichten sind wichtige kulturelle, gesellschaftliche und moralische Informationen von einer Generation an die nächste weitergegeben worden. Es gibt Mythen, Erzählungen und Berichte, Anekdoten, Parabeln und Lieder, Märchen, Fabeln und Gleichnisse. In solchen Geschichten geht es immer um innere und äußere Probleme. In allen diesen Geschichten gerät immer irgend jemand in irgendeine schwierige Situation, die er auf irgendeine Art und Weise bewältigt oder bei der er versagt. Geschichten vermitteln dem Zuhörer eine interessante Botschaft. Sie stellen Probleme dar, zeigen Lösungen für diese Probleme auf und bieten dem Zuhörer damit neue Möglichkeiten, mit den schwierigen Dingen des eigenen Lebens umzugehen.

Geschichten sind somit lehrreich. Während die meisten Menschen sich jedoch nur höchst ungern von anderen belehren lassen, sind Geschichten lehrreich auf eine subtile und unaufdringliche, gleichwohl aber höchst wirksame Art und Weise.

Eine Metapher ist eine bildliche Darstellung von etwas anderem. Mit Metaphern kommuniziert man indirekt. Wer eine Metapher anbietet, veranlaßt den Zuhörer, über eine Sache, einen Zusammenhang oder einen Prozeß in Form von etwas anderem, zumeist Bekanntem, nachzudenken und zu neuen Einsichten zu kommen. Der Zuhörer hat die Freiheit, sich mit den dargestellten Gestalten, Beziehungen, Ereignissen, Schwierigkeiten, Entwicklungen und Lösungen zu identifizieren oder zu dem Gehörten auf Distanz zu bleiben. Deshalb erzeugt das Erzählen einer Geschichte keinen Widerstand beim Zuhörer: Wenn die Geschichte so aufgebaut ist, daß der Zuhörer ihr eine persönliche Bedeutung geben kann, „paßt" sie. Wenn sie dagegen nicht „paßt", besteht für den

Zuhörer keine Notwendigkeit, sie auf sich zu beziehen. Er kann sie langweilig finden oder Anstoß an ihr nehmen, ohne sich persönlich bedrängt zu fühlen.

Ob er sie ablehnt oder annimmt, was die Metapher beim Zuhörer auf jeden Fall erzeugt, ist eine Suche nach dem Sinn des Berichteten auf dem Hintergrund seiner eigenen Erfahrungen. Und damit haben wir einen zweiten Vorteil einer lehrreichen Geschichte vor direkten Belehrungen. Jeder Ratschlag und jedes Lösungsangebot eines wohlmeinenden anderen beruhen auf dessen Wahrnehmung der Welt und auf Mustern von Lösungen, die in seine Welt passen. Geschichten wirken im Gegensatz zu direkten Ratschlägen wie Katalysatoren. Der Erzähler legt seine Wahrnehmung, Entwicklung und Lösung der Zusammenhänge in sie hinein. Der Zuhörer dagegen entnimmt der Geschichte, was in seiner Welt zusammenpaßt und gibt dem eine möglicherweise sehr unterschiedliche persönliche Bedeutung. Während er also den Worten des Erzählers lauscht, überprüft der Zuhörer alle Informationen auf Ähnlichkeiten in den eigenen Erfahrungen und gibt ihnen einen individuellen Sinn. Und genau das ist die Absicht von Metaphern. Sie setzen beim Zuhörer die bewußte und unbewußte Suche in Gang, den dargestellten Gestalten, Beziehungen, Ereignissen, Schwierigkeiten, Entwicklungen und Lösungen auf dem Hintergrund der persönlichen Erfahrung einen Sinn zu geben.

Mit dieser persönlichen Suche nach dem Sinn arbeitet vor allem die therapeutische Metapher. Diese unterscheidet sich von Geschichten darin, daß sie für bestimmte Menschen mit bestimmten Problemen gezielt konstruiert wird. Die Aufgabe eines beratenden Gesprächs besteht darin, einen Gesprächspartner mit einem persönlichen Problem zu seinem Ziel zu führen. Eine Metapher stellt hierbei das Problem in einem anderen Zusammenhang dar und zeigt die Möglichkeiten einer Lösung auf. Wer eine Metapher anbietet, veranlaßt den Zuhörer, über sein Problem in Form von etwas anderem, zumeist Bekanntem nachzudenken und zu neuen Einsichten zu kommen. Der Zuhörer kann die handelnden Personen, ihre Beziehungen, die Ereignisse und ihre Schwierigkeiten in seine eigene Situation einbauen oder ihr anpassen und die dargestellte Lösung erwägen. Paßt sie in seine Welt, so kann er sie sich in der angebotenen oder einer abweichenden Form zu eigen machen. Paßt sie nicht, so weiß er doch, daß es eine Lösung gibt und kann sich auf die Suche nach einer eigenen machen.

Mit Metaphern zu arbeiten ist aber nicht nur im beratenden und therapeutischen Bereich sinnvoll. Auch im pädagogischen Bereich entfalten Metaphern eine hohe Wirkung in der Unterstützung von Lernprozessen. Lerninhalte gewinnen durch eine metaphorische Form einen phantasievollen Charakter, durch den sie dem Hörer näher erscheinen als die Logik der sachlichen Zusammenhänge. Die Erkenntnisse, die der Metapher abgewonnen werden, sind Resultate der eigenen Suche und keine vorgegebenen Schemata. Geschichten sind Modelle. Sie bieten Interpretationen an, ohne den

Zuhörer festzulegen. Er kann seine Schlüsse daraus selber ziehen. Vor der Vermittlung des eigentlichen Lerninhaltes vorgetragen, führen Geschichten dazu, daß Zuhörer das Gefühl haben, mit den vermittelten Strukturen und Zusammenhängen bereits bekannt zu sein. Nach der Vermittlung des Lernstoffes vorgetragen, prägen sich Geschichten durch ihren bildhaften Charakter besser ein. Die von der Geschichte ausgelösten Gedanken wirken nach.

Metaphern fürs Berufsleben unterscheiden sich von therapeutischen und pädagogischen Metaphern im wesentlichen darin, daß Sie andere damit beeinflussen wollen, etwas wahrzunehmen, einzusehen oder zu verändern, was diese von sich aus nicht anstreben oder anstreben würden. Wenn Sie eine Metapher im Berufsleben einsetzen, wollen Sie primär ein eigenes Ziel erreichen. Dieses Ziel können Sie natürlich mit guten Argumenten, rhetorischem Geschick oder auch Anweisungen anstreben, wenn sie dazu befugt sind. Aber häufig gibt es Situationen, in denen diese Mittel nicht zu dem Erfolg führen, den Sie sich wünschen. Anweisungen können negative Gefühle auslösen, auch gute Argumente können nur schwer überzeugen, weil andere sie im Zusammenhang ihres eigenen Weltbildes interpretieren und werten. Deshalb sind auch im Berufsleben Metaphern geeignet, Einsichten anzubieten, zu überzeugen und Verhaltensänderungen zu beeinflussen, ohne dominant, aufdringlich, besserwisserisch oder belehrend zu wirken.

Von einem Vizepräsidenten einer großen internationalen Bank stammt nach dem Bericht von Genie Laborde eine wirkungsvolle Metapher: Die Mitarbeiter seiner Abteilung waren in bezug auf ein bestimmtes Problem zu der nicht selten zu findenden Auffassung gekommen, dieses Problem sei ein Problem des Gesamtunternehmens und ginge sie als Abteilung nichts an. Statt seine Meinung dem entgegenzusetzen, ging dieser Vizepräsident an die Wandtafel und zeichnete einen Schiffsbug mit einigen Strichmännchen darauf. Er wartete einen Augenblick, dann vervollständigte er seine Zeichnung durch ein sinkendes Heck und sagte: Ihre Meinung in dieser Angelegenheit erinnert mich an das, was die Leute auf dem Bug sagen, nämlich: „Ich bin froh, daß wir nicht am anderen Ende des Schiffes sind." Auch nicht selten taucht im Berufsleben Widerstand gegen Neuerungen auf. Wenn jemand sagt: „Wir können kein neues Programm ausprobieren, da in der Vergangenheit einmal etwas Ähnliches nicht funktionierte", können Sie folgende Metapher anbieten: „Vor Jahren zeigte mir mein Vater, daß es möglich ist, ein Auto zu fahren, indem man immer in den Rückspiegel schaut – solange man sehr langsam fährt und die Straße keine unerwarteten Kurven macht."

9. Die Kunst des Umdeutens

Eine weitere grundlegende Fähigkeit, die Sie im NLP lernen, ist das sogenannte Umdeuten, Reframing. Reframing heißt, etwas in einen anderen Rahmen stellen, worin es eine andere Bedeutung gewinnt.

Dieses Thema ist ziemlich schwierig zu vermitteln. Es fällt mir auch im Seminar immer sehr schwer, die Teilnehmer dafür zu interessieren. Meistens schlafen sie dabei ein, weil es schon ein bißchen langweilig ist und darüber hinaus kompliziert. Es fällt mir auch immer ziemlich schwer, zu vermitteln, wie man das im Berufsleben umsetzen soll. Die meisten Leute im Berufsleben haben selten Gelegenheit, das anzuwenden. Und wenn sie es versuchen, ist die Wirkung meistens nicht besonders toll. Aber es gehört eben dazu. Falls Sie die nötige Geduld aufbringen, werde ich Ihnen einiges dazu mitteilen. Aber es ist ziemlich trocken. Falls Sie schon ein bißchen müde sind, können Sie dieses Kapitel auch überschlagen. Es entgeht Ihnen nichts Wichtiges!

Allerdings sollten Sie das nicht tun, bevor Sie nicht überprüft haben, welche Einstellung ich mit diesen Worten bei Ihnen erzeugt habe. Sind Sie offen, motiviert und gespannt auf das, was jetzt kommt? Oder haben Sie sich darauf eingestellt, daß es jetzt langweilig wird?

Ich denke, daß Ihnen bewußt geworden ist, daß ich hier einen negativen Rahmen benutzt habe, um Sie die Bedeutung von Rahmen erleben zu lassen. Worte haben die Macht, unsere innere Einstellung und Erwartung zu formen. Wenn Sie sich zu einem Thema äußern, beeinflussen Sie immer die innere Einstellung Ihres Gesprächspartners. Und wenn Sie dies wissen, drängt sich sogleich der nächste Gedanke auf. Wenn wir gar nicht umhin können, Rahmen zu setzen, sollten wir uns bemühen, gezielt den Rahmen zu setzen, der uns erlaubt, unser Ziel zu erreichen.

Ich setze jetzt einen anderen Rahmen: Das folgende Thema ist ungeheuer wichtig und spannend. Das Prinzip von Framing und Reframing ist eine wahre Offenbarung für jeden Menschen, eine echte Erleuchtung auf dem Weg ins Glück. Es wird Ihr Leben total verändern. Und es ist absolut leicht zu lernen. Sie werden auf die angenehmste und unterhaltsamste Weise Dinge lernen, die Sie brauchen, um beruflich erfolgreich zu sein und ein angenehmes Leben zu führen. Framing und Reframing sind ein absoluter Knüller. Es macht Spaß und es macht erfolgreich. Sie müssen fast gar nichts dafür tun!

Was geschieht jetzt mit Ihrer Einstellung? Wie reagieren Sie unbewußt auf diesen Rahmen? Wie bitte, Sie werden mißtrauisch? Sie finden die Ankündigung übertrieben? Solche Worte wirken auf Sie unglaubwürdig? Vermutlich haben Sie recht. Dieser positive Rahmen hat den Bogen überspannt. Ich habe zu dick aufgetragen. Das war kein angemessener Rahmen.

Ich versuche es noch einmal: Das Thema Framing und Reframing bezieht sich auf die Fähigkeit, einen geistigen Bezugsrahmen gezielt zu erzeugen, zu gestalten oder zu verändern. Dieses Thema ist eine wichtige Grundlage der Gesprächsführung, mit der Sie die innere Einstellung Ihrer Gesprächspartner entscheidend beeinflussen, formen und umformen können.

Framing

Wenn Sie wissen, daß Sie gar nicht umhin können, Rahmen zu setzen, werden Sie das nächste Mal, wenn Sie zu einer Party einladen, wahrscheinlich bewußt entscheiden, ob Sie die Einladung so formulieren: *Hallo, Freunde, nächstes Wochenende steigt bei uns wieder eine wilde Party, bitte Getränke und gute Laune mitbringen!* Oder so formulieren: *Sehr verehrte Damen und Herren, am 27.12. veranstalten wir in den Räumlichkeiten des hiesigen Luisenhofes eine Jubiläumsfeier zum 10jährigen Bestehen unserer Firma. Wir würden uns freuen, wenn Sie uns die Ehre Ihres Erscheinens gäben. PS: Um Abendgarderobe wird gebeten.*

An ein gezieltes Framing können Sie auch denken, wenn Sie einen Mitarbeiter zu einer unbeliebten Aufgabe motivieren wollen. Dabei haben Sie die Möglichkeit, ihm direkt zu sagen, was Sie denken, zum Beispiel: *„Herr Müller, ich habe da eine schwierige und unangenehme Aufgabe für Sie. Vermutlich wird Ihnen die Arbeit nicht gefallen, aber irgend jemand muß sie ja tun, und da sie neu bei uns sind, bleibt es an Ihnen hängen.“* Vermutlich wird Herr Müller nach einer solchen Ankündigung nicht besonders motiviert an die Sache herangehen. Sie können die unangenehme Aufgabe aber auch in einen anderen Rahmen setzen: *„Herr Müller, ich habe da eine wichtige Aufgabe für Sie. Die Sache ist nicht ganz einfach, aber ich bin davon überzeugt, daß Sie über die notwendigen Fähigkeiten verfügen, um das erfolgreich zu bewältigen.“*

Reframing

Zu diesem Thema gehört aber auch die Möglichkeit, einen bereits bestehenden Rahmen zu wechseln. Und das nennt man Reframing. Reframing ist eine Vorgehensweise, in der eine Tatsache, ein Zusammenhang, ein Verhalten oder ein Problem in einen anderen Rahmen gestellt wird und damit eine neue Bedeutung erhält.

Die Möglichkeit, etwas zu reframen, beruht darauf, daß die Dinge an sich keine festgelegte Bedeutung haben. Wir sind es selber, die den Dingen ihre Bedeutung geben. Was bedeutet es, daß es regnet? Das ist ärgerlich, wenn Sie ohne Schirm unterwegs sind oder eine Gartenparty geplant haben. Das ist erfreulich, wenn es lange Zeit trocken war, und Sie jetzt Ihren Garten nicht sprengen müssen.

Es gibt ein berühmtes Beispiel für ein Reframing, das Sie wahrscheinlich alle kennen, das vom Optimisten und Pessimisten: Der Pessimist sagt: *Das Glas ist schon halb leer!* Der Optimist sagt: *Das Glas ist noch halb voll.* An diesem Beispiel wird deutlich, daß Sie mit Reframings Gefühle und darüber Einstellungen beeinflussen können:

Wenn Sie sich beispielsweise klarmachen, daß Ihre spontanen heftigen Reaktionen auf Dinge, die Sie ärgern, auch bedeuten, daß Sie sich nicht so leicht von anderen zur Seite drängen oder über den Tisch ziehen lassen, können Sie lernen, eine nicht sehr geschätzte Verhaltensweise auch als Fähigkeit zu begreifen. Wenn Sie einen Fehler gemacht haben, können Sie sich auch darüber ärgern oder schämen. Sie können sich aber auch bewußt machen, daß Fehler die besten Lernchancen sind.

Von Henry Ford stammt ein geradezu legendäres Reframing: Ein junger und außerordentlich talentierter Mitarbeiter hatte durch einen peinlichen Managementfehler mehrere hunderttausend Dollar in den Sand gesetzt. Nachdem Henry Ford seinen Ärger darüber überwunden hatte, fragte er sich, wie er das Beste daraus machen und die Tatsachen doch noch in einen nützlichen Rahmen setzen könnte. Er fand eine Möglichkeit, wie er den finanziellen Verlust auf eine kreative Weise bewerten und zugleich eine hohe Loyalität des hochmotivierten Mitarbeiters erwerben konnte. Zu Beginn des Gespräches sagte der Mitarbeiter zu Ford: „Ich weiß nicht, wie mir so ein peinlicher Fehler unterlaufen konnte. Es tut mir wirklich leid. Sie werden mich jetzt wohl kündigen." Daraufhin lächelte Ford und antwortete: „Wie kommen Sie denn darauf? Ich habe gerade mehrere hunderttausend Dollar in den Lernprozeß eines außerordentlich wichtigen Mitarbeiters investiert und ich bin sicher, daß sich diese Investition in der Zukunft auszahlen wird."

In Ihrem Berufsalltag geht es wahrscheinlich nicht darum, sechsstellige Verluste zu reframen. Aber auch die kleinen Klagen des Alltags sind ein Feld, auf dem Reframings ihre Wirkung sinnvoll entfalten können

Jemand sagt zum Beispiel: „Peter streitet immer mit mir." Darauf könnten Sie erwidern: „Er würde sich nicht so anstrengen, dir so viele Probleme zu machen, wenn du ihm gleichgültig wärst." Jemandem, der darüber klagt, daß er immer als Feuerwehr einspringen müsse, können Sie erwidern: „Offensichtlich hast du so viele Fähigkeiten, daß du fast überall einsetzbar bist." Oder jemand sagt: „Ich fühle mich entsetzlich, weil mein Chef mich dauernd kritisiert" kann mit der Feststellung umgedeutet werden: „Immerhin scheint er Sie wichtig zu nehmen, sonst würde er sich nicht die Mühe machen, Ihnen Verbesserungsmöglichkeiten aufzuzeigen." Der Rahmen „Meine Arbeit wird ständig kritisiert" wird ausgetauscht durch den Rahmen „Jemand nimmt mich wichtig".

Es gibt auch Reframings in der Werbung. Als Pepsi sich gegen Coca-Cola durchsetzen wollte, fanden sie dieses Reframing: „Sicher, die andern waren die Nummer eins, aber was ist heute? Wollen Sie ein Produkt von gestern oder wollen Sie eins von heute?"

Es gibt natürlich auch negative Reframings: Wenn Jemand Ihnen freudestrahlend mitteilt, daß er gerade einen tollen Erfolg gehabt habe, können Sie das auch damit kommentieren: „Ein blindes Huhn findet auch mal ein Korn!"

Beim Reframing geht es immer darum, ein Gefühl, ein Verhalten, einen Umstand oder ein Geschehen, das ein anderer beklagt, positiv umzudeuten, und das heißt, einen Wechsel im Erleben zu bewirken. Wie wichtig das in beratenden Situationen ist, liegt auf der Hand. Ein solcher Erlebenswechsel stellt häufig die grundlegende Voraussetzung für die beratende Arbeit dar. Ohne diese könnten negativ erlebte Persönlichkeitsanteile gar nicht bearbeitet werden, weil sie verdrängt oder abgespalten blieben.

Reframing ist aber unabhängig davon als eine soziale Fähigkeit zu begreifen, die zu besitzen und anwenden zu können für Menschen ganz allgemein wichtig ist. Vor allem für Menschen, die aus beruflichen Gründen auf andere Menschen Einfluß nehmen müssen, in leitenden, lehrenden und helfenden Positionen, ist die Fähigkeit des inhaltlichen Reframings eine wichtige Qualifikation. Der Erfolg pädagogischer Bemühungen bliebe ohne inhaltliche Reframings häufig aus, weil Lernprozesse ohne Reframings von Anfangsversagen, Fehlern und Mißerfolg blockiert werden. Dasselbe gilt für die Leitung, Unterstützung und Förderung von Mitarbeitern im Beruf. Sowohl sachbezogene wie auch kommunikative Verhaltensweisen, vor allem aber die Leistung steigernde und innovative Prozesse müssen ohne Reibungsverluste oder Blockaden ablaufen können. Für einen solchen Ablauf sind Reframingsfähigkeiten der Beteiligten, vor allem aber der Führungskraft, eine notwendige Voraussetzung. Darüber hinaus bezeichnen Bandler und Grinder das inhaltliche Reframing als das A und O in Verkaufsgesprächen.

Der Umgang mit Reframings kann manchmal Schwierigkeiten machen, denn manche haben einen witzigen Charakter. Deshalb liegt der sprachliche Prozeß des Umdeutens auch vielen Witzen zugrunde. Dieser Charakter ist jedoch in Beratungssituationen selten angebracht und kann sogar den Rapport kosten, wenn der Klient sich nicht ernst genommen fühlt. In anderen lebenspraktischen Bereichen kann der witzige Charakter jedoch gerade von Nutzen sein. In Frauenseminaren lasse ich Reframing zum Thema sexistische Angriffe üben. Dabei ist eine Sammlung von Reframings zusammengekommen, aus der ich Ihnen folgende Beispiele gebe:

Küßchen, Küßchen! – *Glauben Sie, aus Ihnen würde dann ein Prinz?*

Zur Sache, Schätzchen! – *Muß es gleich sein?*

Tragen Sie einen Büstenhalter? – *Wieso, verkaufen Sie welche? Weiß Ihre Mutter von dieser Umfrage?*

Sind Sie noch Jungfrau? – *Nein, ich bin schon Waage.*

Guck Dir mal diesen A... an! – *Meinen Sie den hinter mir? Manche haben einen, andere sind welche!*

Die würde ich auch nicht von der Bettkante schubsen! – *Kommt ja selten genug eine vorbei.*

IV. Ziele der NLP-Veränderungsarbeit

Im NLP ist ein Persönlichkeitskonzept entwickelt worden, das sich an den Ergebnissen der modernen Neurophysiologie orientiert. Danach entwickeln Menschen ihre Persönlichkeit ausgehend von ihren Erfahrungen, die sie in mehreren Schritten verarbeiten.

Menschen machen Erfahrungen, indem sie mit ihren fünf Sinnen auf Umweltreize reagieren und diese zu Bildern, Geräuschen, Gefühlen, Geruchs- und Geschmackseindrücken verarbeiten. Im allgemeinen handeln Menschen aber nicht direkt auf sensorische Erfahrungen, sondern verarbeiten diese zunächst einen Schritt weiter, indem sie ihren sinnlichen Erfahrungen eine Bedeutung beimessen. Erfahrungen lösen also zunächst Gefühle, innere Zustände aus, angenehme oder unangenehme. Etwas, was ich sehe oder höre, kann als gefährlich oder ungefährlich wahrgenommen werden. Erst nachdem eine Wahrnehmung bewertet wurde, zeigen Menschen entsprechende Verhaltensweisen. Ihre sensorischen Wahrnehmungen verarbeiten Menschen zu Denkprozessen und Verhaltensstrategien, um Ziele zu erreichen. Wenn sie solche Strategien gelernt haben, die ihnen zielorientiertes Verhalten ermöglichen, haben sie Fähigkeiten ausgebildet. Ihre Erfahrungen verarbeiten Menschen aber auch zu Überzeugungen, die sie wissen lassen, was sie für wahr, für richtig oder falsch halten. In einer weiteren Verarbeitungsstufe bilden sie Werte aus und wissen darüber, was ihnen wichtig ist. Auf diese Weise kommen Menschen in einem weiteren Schritt zur Ausbildung ihrer Identität.

NLP hat in Anlehnung an diese Schritte neurologischer Verarbeitung von Erfahrungen ein einfaches Persönlichkeitsmodell entworfen, die sogenannten neurologischen Ebenen der Persönlichkeit, und unterscheidet folgende hierarchischen Ebenen als unterschiedliche, in ihrer Bedeutung steigende Determinanten menschlichen Verhaltens.

1. Erfahrungen *(Was ich wahrnehme)*
2. Bedeutung von Erfahrungen *(Wie ich mich fühle)*
3. Fähigkeiten *(Was ich kann)*
4. Überzeugungen *(Was ich für wahr halte)*
5. Werte *(Was ist für wichtig halte)*
6. Identität *(Wer ich bin)*

Die unterschiedliche Bedeutung dieser Ebenen möchte ich an einem Beispiel erläutern. Nehmen Sie einmal an, ein Schüler hat eine schlechte Klassenarbeit geschrieben. Fünf Lehrer äußern sich zu dieser Leistung. Der erste bleibt auf der Ebene der sensorischen Wahrnehmung und sagt: „Während der Klassenarbeit hat es viele Störungen gegeben." Der zweite bezieht sich auf den inneren Zustand des Schülers und sagt: „An diesem Tag war der Junge nicht gut drauf." Der dritte bezieht sich auf die Fähigkeiten des Schülers und sagt: „Mathematik kann er nicht besonders gut." Der vierte reagiert auf einer Wertegrundlage und äußert: „Mathematik ist seine Sache nicht." Der fünfte bezieht sich auf eine Identitätsebene und sagt: „Er ist leider ein schlechter Schüler."

Erfahrungen zeigen, daß menschliche Probleme auf unterschiedlichen Ebenen der Persönlichkeit angesiedelt sein können. Die meisten Probleme haben Menschen auf der zweiten Ebene. In bestimmten Situationen reagieren sie emotional mit einem einschränkenden Gefühl wie Streß, Angst, Unsicherheit, Ärger oder Ungeduld und zeigen dann zumeist ein Verhalten, das hinter ihren Möglichkeiten zurückbleibt. Wenn sie in solchen Situationen befähigende Gefühle zur Verfügung hätten, könnten sie angemessen handeln. Probleme auf der Fähigkeitenebene sind zumeist so strukturiert, daß Menschen spontan ungewünschte Verhaltensweisen zeigen. Sie wollen beispielsweise

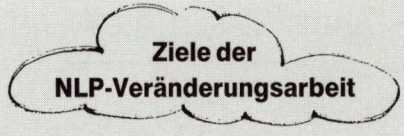

Ziele der NLP-Veränderungsarbeit

NLP-Persönlichkeitskonzept

1. *Erfahrungen* (Was ich wahrnehme)
2. *Bedeutung von Erfahrungen* (Wie ich mich fühle)
3. *Fähigkeiten* (Was ich kann)
4. *Überzeugungen* (Was ich für wahr halte)
5. *Werte* (Was ich für wichtig halte)
6. *Identität* (Wer ich bin)

nein sagen, wenn jemand sie um etwas bittet, sagen aber immer wieder ja und ärgern sich dann über sich selbst. Solche Problemzusammenhänge lösen sich auf, wenn das unbewußte Motiv des ungewünschten Verhaltens aufgedeckt und durch andere Fähigkeiten sichergestellt werden kann. Auf der Überzeugungsebene liegen Probleme, wenn Menschen glauben, daß sie etwas nicht können, daß es mit vierzig abwärts geht, oder sie keine Fehler machen dürfen, oder daß sie schlecht sind, wenn sie für sich selber sorgen. Auch Werte können Menschen in Probleme verwickeln, wenn beispielsweise Erfolg so wichtig ist, daß die Gesundheit vernachlässigt wird, Harmonie ein solches Gewicht hat, daß andere mich ausnutzen können. Und wenn Menschen von sich denken: „Ich bin ein Verlierer!" oder: „Ich bin es nicht wert, geliebt zu werden!", dann liegt das Problem auf der Identitätsebene.

Mit NLP kann ich auf allen Ebenen der Persönlichkeitsstruktur arbeiten. Ich kann ungewünschte Gefühle modifizieren, unangemessene Verhaltensweisen ändern, einschränkende Überzeugungen überwinden, einen Wertewandel vornehmen und die Identität beeinflussen.

Das möchte ich Ihnen jetzt beschreiben:

10. Ungewünschte Gefühle ändern

Dabei geht es um die Lösung von Problemen, die sich folgendermaßen beschreiben lassen. Ein situativer Auslösereiz löst in mir ein einschränkendes Gefühl aus, auf das spontan ein ungewünschtes Verhalten auftritt. Zum Beispiel: Mein Chef zieht die Augenbraue hoch, ich werde nervös und fange an zu stottern. Mein Partner versteht nicht, was ich möchte, ich werde ärgerlich und sage etwas, was mir hinterher leid tut. Mein Kind trödelt, ich werde ungeduldig und schimpfe. Die Aktenberge stapeln sich, ich gerate unter Druck und kann nicht mehr klar denken.

Wenn Sie mit NLP ein solches Problem bearbeiten, lassen Sie zunächst die Situation, in der Sie das erlebt haben, noch einmal Revue passieren und sorgen dann dafür, daß Sie in der Erinnerung an diese Situation nicht hängenbleiben. Dann würden Sie sich nämlich weiterhin schlecht fühlen. Danach überlegen Sie sich, welches Gefühl Sie sich in einer solchen Situation wünschen, und denken dabei auch daran, welches Gefühl Sie befähigen würde, genau so zu handeln, wie für Sie zu handeln in dieser Situation richtig wäre. Das Gefühl, das Sie sich wünschen, und das Handeln, was Sie in dieser Situation zeigen möchten, überprüfen Sie nochmals daraufhin, daß sich daraus keine negativen Konsequenzen ergeben. Wenn Sie soweit sind, überlegen Sie sich, in welchen Situationen Ihres Lebens Sie das gewünschte Gefühl zur Verfügung haben, und erinnern sich ganz genau, was Sie in einer solchen Situation erleben, in der Sie das gewünschte Gefühl haben. Wenn dieses Gefühl auf diese Weise wieder voll in Ihnen auftaucht, gehen Sie in Ihrer Vorstellung noch einmal zurück in die Problemsituation und überprüfen, wie die Dinge ablaufen, wenn Sie ein solches Gefühl auch in der Problemsituation zur Verfügung haben. Wenn Sie zufrieden sind mit der Phantasie, die Sie jetzt auf der Grundlage des gewünschten Gefühls entwickeln können, durchlaufen Sie in Ihrer Vorstellung auch noch eine zukünftige, der Problemsituation ähnliche Situation und überprüfen, ob sich auch darin die Dinge zu Ihrer Zufriedenheit entwickeln.

Ein situationsspezifisches Problem dieser Art zu lösen, ist in der Regel so einfach, wie diese Beschreibung vermuten läßt. Das läßt sich auch neurophysiologisch erklären. Wenn Sie etwas Unangenehmes erlebt haben und sich daran wieder erinnern, setzen Sie diese Erinnerung jedesmal neu zusammen. Sie holen aus Ihrem visuellen Cortex die Bilder der Situation, aus Ihrem auditiven Speicher, was Sie gehört haben und die Gefühle aus einem anderen Bereich Ihres Gehirns. Dabei verändert sich Ihre ursprüngliche Erfahrung, so daß Sie bemerken können, daß diese mit zeitlichem Abstand vom Geschehen auch normalerweise verblaßt, daß Sie Abstand gewinnen und mit anderen Gefühlen daran denken können. Mit NLP machen wir also etwas mit unseren negativen Erfahrungen, was unser Gehirn mit unseren Erfahrungen auch normalerweise macht. Nur daß wir mit NLP gezielt arbeiten und ein Gefühl wählen, das wir aus anderen Situationen kennen und uns für diese Problemsituation verfügbar machen.

Wenn Sie in einem NLP-Seminar gelernt haben, solche Probleme auf diese Weise zu lösen, können Sie für sich selber und auch für andere schon sehr viel erreichen. Die überwiegende Mehrzahl menschlicher Probleme besteht nämlich darin, daß Menschen in bestimmten Situationen die passenden Gefühle nicht zur Verfügung haben.

Gefühle ändern

➡ Problemsituation genau beschreiben
➡ gewünschtes Gefühl finden
➡ gewünschtes Gefühl überprüfen
➡ gewünschtes Gefühl vergegenwärtigen und ankern
➡ gewünschtes Gefühl einbeziehen
➡ in die Zukunft überbrücken

11. Unangemessene Verhaltensweisen ändern

Wie solche Probleme aufgelöst werden können, kann man am leichtesten an dem Beispiel „nicht nein sagen zu können" aufzeigen. Wir alle haben in unserer Kindheit gelernt, anderen zu helfen. Irgendwann im Alter von vielleicht drei Jahren wird Mutter uns eine Bitte vorgetragen haben, zum Beispiel: Trag diese Tasse auf den Tisch! Wenn wir einen solchen Auslösereiz wahrnehmen, läuft in unserem Gehirn zunächst ein Test ab: „Kenne ich so etwas schon?" Wenn es das erste Mal war, daß Mutter uns um etwas gebeten hat, wird die Antwort auf die Frage „nein" sein. Das Kind wird sich daraufhin eine Vorstellung davon machen, was Mutter meint. Es wird ein innerer Film ablaufen, der dem Kind zeigt, was „Tasse auf den Tisch tragen" bedeutet. Danach kommt eine Entscheidung. In der Regel sind Kinder in dem jungen Alter sehr lernbegierig. Gehen wir davon aus, das Kind sagt „ja" und trägt die Tasse auf den Tisch. Damit ist eine solche Erfahrung noch nicht abgeschlossen. Mutter wird auf das Verhalten des Kindes reagieren, es loben und vielleicht in den Arm nehmen. Dabei sieht Mutters Antlitz freundlich aus und ihre Stimme klingt auf eine ganz bestimmte Weise, was gute Gefühle in dem Kind auslöst. All das wird das Kind mental abspeichern.

Wenn Mutter das nächste Mal eine Bitte ausspricht, wird das Kind wieder zunächst überprüfen:„Kenne ich das schon?" Die Antwort wird „ja" sein. Danach läuft ein weiterer Test ab entlang der Frage: „Mit welchen Gefühlen war das damals verbunden?" Wenn die Antwort positiv ausfällt, ist die Chance sehr hoch, daß das gleiche mentale Programm abläuft. Was mit positiven Gefühlen verbunden ist, wird in der Regel wiederholt.

Irgendwann jedoch wird das Kind eine neue Verhaltensvariante ausprobieren und auf Mutters Bitte „nein" sagen. Mutters Reaktion wird jetzt normalerweise anders ausfallen. Sie wird vielleicht nicht schimpfen, aber ihr Gesicht sieht anders aus, und auch die Stimme klingt nicht mehr so gut, Lob und Streicheleinheiten bleiben aus. Diese mütterliche Reaktion löst keine so guten Gefühle in dem Kind aus und wird wieder abgespeichert. Auch negative Erfahrungen haben deshalb eine große Chance, beim nächsten Mal dazu zu führen, wieder das alte Programm, das zu guten Gefühlen führt, zu wiederholen. „Was funktioniert und zu guten Gefühlen führt, wird wiederholt", das ist ein Grundsatz des Lernens, der auch eine neurophysiologische Grundlage hat.

Es gibt noch einen anderen Zusammenhang, der beim Lernen eine Rolle spielt: Wenn ich ein Verhalten habe, um ein Ziel zu erreichen, entwickle ich häufig keine weiteren Fähigkeiten, um dasselbe Ziel zu erreichen. Diesen Zusammenhang können Sie selber ausprobieren, wenn Sie einmal Ihre Hände falten und darauf achten, welcher Daumen oben liegt. Wenn Sie das festgestellt haben, falten Sie Ihre Hände einmal so, daß der andere Daumen nach oben zu liegen kommt. Sie werden merken, daß sich das seltsam anfühlt, weil Sie das in der Regel nicht ausprobiert haben. Eine Form, Ihre Hände zu falten, reicht Ihnen aus, obwohl es eine gleichwertige andere Form gibt. Dasselbe können Sie ausprobieren mit der Art, wie Sie Ihre Arme vor der Brust verschränken. Auch dabei gibt es zwei gleichwertige Alternativen, von denen Sie in der Regel nur eine probieren.

Diese beiden Lernprinzipien können dazu führen, daß Menschen sich irgendwann Probleme einhandeln. Wenn sie gelernt haben, daß sie gemocht und anerkannt werden, wenn sie anderen helfen und sich keine Gedanken darüber gemacht haben, wie Sie ihr Bedürfnis, gemocht zu werden, auch auf anderen Wegen sicherstellen können, werden sie in Schwierigkeiten geraten, wenn es darum geht, aus guten Gründen auch mal „nein" zu sagen.

Wenn ein Problem so strukturiert ist, daß Sie ein Verhalten, was Sie zeigen wollen, nicht zeigen können, zum Beispiel nicht nein sagen können, mit dem Rauchen nicht aufhören können, für Ihre Bedürfnisse nicht eintreten können, Konflikten aus dem Wege gehen, dann geht es darum, herauszufinden, welches Motiv oder welche positive Absicht Sie daran hindert, das zu tun, was für Sie zu tun richtig ist. In unserem Beispiel „nicht nein sagen können" ging es darum, gemocht zu werden. Positive Absichten eines solchen Problems sind häufig, Anerkennung zu finden, geliebt zu werden, eine gute Atmosphäre oder auch eine gute Beziehung aufrechterhalten zu wollen. Wenn Sie ein solches Problem in Angriff nehmen und die positive Absicht herausfinden, werden Sie immer etwas entdecken, was den betreffenden Menschen wichtig ist, was man ihnen nicht wegnehmen kann. Aber man kann herausfinden, welche anderen Möglichkeiten die betreffende Person bereits hat oder neu entwickeln könnte, um auf andere Weise dafür zu sorgen, daß die positive Absicht sichergestellt wird. Wenn ihr genügend weitere Möglichkeiten bewußt werden, kann in Zusammenhängen, in denen sie sich wünscht, nein sagen zu können, dieses Verhalten gezeigt werden, weil es keine Befürchtung von negativen Konsequenzen mehr gibt. Wenn Sie das wirksame Motiv eines ungewünschten Verhaltens finden, wird Ihnen die Auflösung eines solchen Problems gelingen. Wenn das nicht funktioniert, können Sie davon ausgehen, daß Sie das richtige Motiv nicht gefunden haben und können es nochmals versuchen.

Neue Wege gehen

→ Ungewünschtes Verhalten genau bestimmen
→ positive Absicht herausfinden
→ Bereitschaft zu neuen Wegen zeigen
→ neue Wege suchen
→ neue Wege überprüfen
→ Verantwortung übernehmen

12. Einschränkende Überzeugungen überwinden

Glaubenssätze oder Überzeugungen üben eine nachhaltige Wirkung auf unser Leben aus, weil sie unbemerkt unser Handeln so steuern, daß wir das, was wir glauben, auch verwirklichen. Dieser Zusammenhang ist günstig, wenn unsere Überzeugungen und das, was wir im Leben anstreben, übereinstimmen. Dieser Zusammenhang wirkt sich jedoch verhängnisvoll aus, wenn unsere Überzeugungen uns daran hindern, sinnvolle Ziele anzusteuern und erfolgreich zu handeln. Beispiele hierfür sind alle Sätze, die mit den Worten „Ich kann nicht ..." anfangen oder „Etwas ist nicht möglich" zum Inhalt haben.

Der Einfluß unserer Überzeugungen auf unser Handeln ist altbekannt. Daß unser Glaube Berge versetzt, können wir schon in der Bibel nachlesen. Aber auch Menschen, die sich niemals mit Psychologie beschäftigt haben, kennen diesen Zusammenhang: Wenn ich von mir glaube, ich bin ein Versager, wird mir in meinem Leben nicht sehr viel gelingen. In der Psychologie hat dieser Zusammenhang den Namen „selffullfilling prophecy" bekommen. Es ist also sinnvoll, positiv über mich selber zu denken, weil davon ein positiver Einfluß auf mein Handeln ausgeht.

Aber nicht nur meine Überzeugungen über mich selber entwickeln diese Wirkung. Auch was ich über andere denke, hat einen Einfluß, der sich auf diese anderen auswirkt. Vor über 30 Jahren hat der amerikanische Wissenschaftler Rosenthal aufsehenerregende Versuche durchgeführt. Kinder der ersten Schulklasse wurden getestet. Ihren Lehrern erzählte man, es werde ein neuartiger Intelligenztest eingesetzt, der zutreffende Voraussagen über verborgene Intelligenz machen würde. 20 % der Kinder wurden beliebig herausgesucht. Den Lehrern erzählte man, sie seien die besonders klugen Kinder und bei ihnen sei ein besonders hoher Lernzuwachs zu erwarten. Nach einem Jahr wurden die Kinder erneut getestet. Es stellte sich heraus: Die (angeblich) klugen Kinder hatten einen weit größeren Lernzuwachs als alle anderen Kinder. Diese Versuche wurden auch mit Drittklässlern durchgeführt, mit dem gleichen Ergebnis.

Zu Beginn dieser Untersuchungen hatte Rosenthal ein ähnliches Experiment mit Ratten durchgeführt. Studenten hatten die Aufgabe erhalten, diesen Ratten etwas beizubringen. Der Hälfte der Studenten wurde gesagt, sie hätten besonders dumme Ratten zu trainieren, der anderen Hälfte, sie hätten es mit besonders klugen Ratten zu tun. Ergebnis: Die angeblich klugen Ratten lernten tatsächlich schneller.

Es ist also nicht nur sinnvoll, positive Glaubenssätze über sich selber zu haben, sondern auch über andere, die in unserer Verantwortung stehen. Wenn Sie als Führungskraft über Ihre Mitarbeiter denken, sie seien faul, frech und unverschämt, dann wird dieses Denken die entsprechende Wirkung haben. Es wäre also sinnvoller, davon auszugehen, daß Ihre Mitarbeiter engagiert und entwicklungsfähig sind. Das wird Ihnen einleuchten. Nur, das Problem besteht darin: Wie kommen Sie von einer negativen Überzeugung über Ihre Mitarbeiter zu einer positiven Überzeugung? Sie könnten sich das vornehmen und versuchen, sich das einzuprägen. Allerdings wird Ihnen das wahrscheinlich nicht so leicht gelingen. Die Erfahrungen, die Sie bisher gemacht haben, werden Ihnen einen Strich durch die Rechnung machen.

Wenn Sie mit NLP arbeiten, können Sie Überzeugungen ganz leicht verändern, denn Sie arbeiten nicht mit den in Worte gefaßten Schlußfolgerungen Ihrer bisherigen Erfahrungen, sondern mit inneren Bildern. Sie arbeiten dabei mit der Methode, nach der Ihr Gehirn vorgeht, wenn es Sie wissen läßt, daß das, woran Sie gerade denken, eine Überzeugung darstellt.

Daß die Art und Weise, wie etwas aussieht, Einfluß auf uns hat, können Sie leicht nachprüfen. Ein heller, sonniger Sommertag mit glänzenden Farben wird auch Ihre Stimmung heben. Dagegen wird ein typischer verregneter Februartag mit seinem Grau in Grau auf Ihre Stimmung drücken. Wenn wir manchmal in Bildern sprechen, drücken wir unbewußt aus, wie unsere inneren Bilder aussehen. Wenn wir zu etwas auf Abstand gehen, tun wir das auch mental. Wir schieben das innere Bild von dieser Sache einfach weiter weg. Damit wird es kleiner und beeinflußt uns nicht mehr so stark. Belastende Erinnerungen können mit der Zeit verblassen. Wenn Sie eine solche Erfahrung überprüfen, werden Sie feststellen, daß die Erinnerungsbilder tatsächlich blasser geworden sind. Von manchen Menschen sagen wir, sie haben eine glänzende Zukunft vor sich, von anderen, sie haben ihre Vergangenheit hinter sich gelassen. Offensichtlich drücken wir damit aus, wo im inneren Blickfeld diese Menschen die entsprechenden Bilder plaziert haben. Und wenn wir bestimmte Fakten aus einem Gesamtbild ausblenden, werden wir auch mental überprüfen können, daß in dem Bild, das wir uns von der Sache gemacht haben, diese Fakten nicht eingezeichnet sind.

Auch wenn wir die Bilder unserer Überzeugungen untersuchen, können wir feststellen, daß unser Gehirn eine bestimmte Methode benutzt, um uns wissen zu lassen, daß wir daran glauben. Menschen prägen sich Erfahrungen und Erlebnisse, die sie für allgemein gültig halten, auf eine ganz bestimmte Art und Weise ein. Wenn Sie eine visuelle Vorstellung einer Ihrer Überzeugungen untersuchen, werden Sie feststellen, daß dieses Bild ein bestimmtes Aussehen hat. Es könnte beispielsweise ein schwarz/weißes, scharfes Standbild sein. Erfahrungen und Erlebnisse dagegen, in denen Sie im Zweifel sind, ob etwas zutrifft oder nicht, ob etwas wahr oder falsch ist, prägen Sie sich zumeist auf eine andere Art und Weise bildhaft ein, zum Beispiel als einen farbigen Film, der aber unscharf eingestellt ist.

Wenn Sie herausgefunden haben, wie Ihre Überzeugungsbilder und wie Ihre Zweifels-bilder aussehen, können Sie auf dieser Bildebene damit arbeiten. Sie können das Bild eines negativen Glaubenssatzes auf der Bildebene in Zweifel ziehen, indem sie es ein-fach wie ein Zweifelsbild aussehen lassen. Ihr Gehirn geht dann davon aus, daß Sie dar-über im Zweifel sind. Ebenso können Sie sich etwas, was Sie noch nicht glauben, was für Sie zu glauben aber vorteilhaft wäre, als ein Bild vorstellen, das aussieht wie ein Überzeugungsbild. Ihr Gehirn glaubt dann, daß Sie davon überzeugt sind. Von diesen Bildern wird eine Wirkung auf Ihr Verhalten ausgehen.

Glaubenssätze aufbauen

➧ Gewünschten Glaubenssatz konstruieren
➧ Ökologische Überprüfung
➧ Positiven Glaubenssatz finden und analysieren
➧ Mapping accross

13. Wertewandel

Jeder Lebensalltag fordert von einem Menschen, Tatsachen zur Kenntnis zu nehmen, sich eine Meinung zu bilden, sich zu entscheiden und zu handeln. Diese Aktivitäten laufen überwiegend bewußt ab. Hinter den Meinungen, die Menschen sich bilden, hinter ihren Entscheidungen und ihrem Handeln stehen ihre Einstellungen, Überzeugungen und auch ihre Werthaltungen. „Werte" machen wir Menschen uns jedoch nur selten bewußt, obwohl diese die Richtschnur für unsere Orientierung im Leben darstellen und den Maßstab bilden für unsere Beziehungen zu unserem eigenen Verhalten, zu den äußeren Dingen des Lebens und zu anderen Menschen.

Die Kultur unserer Gesellschaft, Familie, Erziehung und Ausbildung beeinflussen die Werte, die wir uns zu eigen machen, erheblich. Aber auch die persönlichen Erfahrungen der eigenen Lebensgeschichte prägen unser Wertsystem. Deshalb ist das Wertsystem eines Menschen nicht nur in der individuellen Persönlichkeit fest verankert, sondern das individuelle Wertsystem eines Menschen unterscheidet sich häufig erheblich vom Wertsystem eines anderen, obwohl beide in derselben Gesellschaft aufgewachsen sind.

Aber nicht nur zwei Menschen können unterschiedliche Wertsysteme aufweisen, auch im Wertsystem eines einzelnen kann es Unstimmigkeiten und Widersprüche geben. Diese können in konkreten Situationen Verhaltensunsicherheiten auslösen oder dazu führen, sich selbst und auch andere zu täuschen.

Selten jedoch veranlassen solche Unstimmigkeiten im eigenen Wertsystem Menschen zu Bemühungen, irgend etwas in ihrem Leben zu ändern. Bedürfnisse nach einer Umorientierung entstehen zumeist auf der Verhaltens- oder Zielebene, wenn bestimmte Verhaltensweisen ungewünschte Resultate zur Folge haben oder gleichermaßen wichtige Ziele nicht miteinander vereinbar sind. Für manche Menschen ist zum Beispiel das eigene Vergnügen so wichtig, daß sie es nicht schaffen, beruflich voranzukommen. Für andere sind Ordnung, Fleiß, Sicherheit und Pflichtbewußtsein so bedeutsam, daß sie nicht nur ihr eigenes Leben, sondern auch das ihnen nahestehender Personen dem unterzuordnen wünschen und damit Konflikte heraufbeschwören.

Im eigenen Wertsystem Veränderungen vorzunehmen kann sich lohnen. Wenn deutlich wird, daß es nicht einzelne Verhaltensweisen sind, die jemanden stören, sondern daß hinter verschiedenen ungünstigen Lebensäußerungen ein allgemeiner Wert steht, kann man sein Wertsystem überprüfen und zu dem Entschluß kommen, einen Wert im Gesamtsystem wichtiger oder weniger wichtig werden zu lassen. Menschen können bemerken, daß ihnen beispielsweise Perfektion so viel bedeutet, daß sie sehr viel mehr Zeit auf die Erfüllung ihrer Aufgaben verwenden als nötig wäre, und dann feststellen, daß diese Zeit ihnen in anderen Lebensbereichen fehlt. Auch wenn zum Beispiel recht haben ein sehr bedeutendes Kriterium ist, kann das zur Folge haben, mit anderen Menschen ungewünschte Schwierigkeiten zu bekommen. Typisch ist für viele Führungskräfte und Menschen, denen Erfolg sehr wichtig ist, daß sie dadurch möglicherweise Gesundheit zu gering schätzen und damit langfristig Probleme hervorrufen können.

Es gibt also gute Beispiele für eine Veränderung von Werten, die zu einer Neuorientierung und zu mehr Zufriedenheit im Leben führt. An dieser Stelle möchte ich Ihnen eine einfache Form beschreiben, wie Sie einen Wert innerhalb Ihrer Wertehierarchie verändern können:

Dabei müssen Sie zuerst in Ihrem Wertsystem drei Werte unterschiedlicher Bedeutung finden, einen mit einer hohen, einen mit einer mittleren und einen mit einer geringen Bedeutung. „Anerkennung" könnte ein hoher, „Geld verdienen" ein mittlerer und „Fitness" ein niedriger Wert sein. Wenn Sie diese drei Werte festgestellt haben, geht es darum, herauszufinden, auf welche Weise Sie wissen, daß Ihr erster Wert (Anerkennung) ein Wert von großer, Ihr zweiter Wert (Geld verdienen) von mittlerer und der dritte (Fitness) von geringer Bedeutung ist.

Wenn Sie NLP lernen, lernen Sie auch herauszufinden, wie Ihr Gehirn das unbewußt macht, daß Sie ein Gefühl von der Bedeutung Ihrer Werte haben. In der Regel werden die Bilder Ihrer Werte (das können richtige Bilder oder aber auch die geschriebenen Wörter für die Werte oder Symbole sein) in Ihrem inneren Blickfeld in unterschiedlicher Höhe vor Ihnen (oder in unterschiedlicher Entfernung von Ihnen) plaziert sind. Bei den meisten Menschen ist die Wertehierarchie im inneren Blickfeld vertikal angeordnet, wobei die wichtigen Werte oben, nicht so wichtige Werte unten sind. Vielleicht kennen Sie Äußerungen von Menschen, die anderen empfehlen, sie sollten etwas nicht so wichtig nehmen. Sie sagen dann: „Häng das doch ein bißchen tiefer!" Aber es kann auch umgekehrt sein. Denn manche Menschen sprechen von wichtigen Werten als grundlegenden Werten. Bei denen liegen die wichtigen Werte unten. Auf die Frage, wie wissen Sie, daß der erste Wert ganz wichtig, der zweite weniger wichtig und der dritte unbedeutend ist, werden Sie also in der Regel eine bestimmte Anordnung der entsprechenden Bilder in Ihrem inneren Blickfeld finden.

Nehmen wir an, Sie sind zu der Einsicht gekommen, daß Ihr Bedürfnis nach „Harmonie" mit anderen Menschen häufig dazu führt, daß Sie Ihre eigenen Bedürfnisse und Interessen hintanstellen. Und Sie sind zu dem Entschluß gekommen, „Harmonie" in Ihrem Leben weniger wichtig werden zu lassen. Dann stellen Sie als erstes fest, wo sich dieser Wert „Harmonie" in Ihrer Wertrangfolge befindet. Nehmen wir an, er liegt noch über „Anerkennung". Danach stellen Sie fest, wohin Sie diesen Wert „Harmonie" verschieben möchten. Orientieren Sie sich dabei an Ihrem Gefühl, welche Stelle Ihrer

Meinung nach die angemessene Position für diesen Wert darstellt. Nehmen wir an, Ihr Gefühl sagt Ihnen, „Harmonie" sollte zwischen „Anerkennung" und „Geld verdienen" eingeordnet werden.

Bevor Sie jetzt eine Verschiebung vornehmen, überprüfen Sie sorgfältig, ob sich Einwände oder Probleme in Ihrem privaten, beruflichen oder sozialen Lebensbereich ergeben könnten, wenn Sie „Harmonie" an diese Stelle innerhalb Ihrer Wertehierarchie setzen. Wenn Ihnen Einwände bewußt werden, können Sie diesen Wert beispielsweise wieder weiter nach oben schieben und nochmals überprüfen, ob das für Sie in Ordnung ist. Sie sollten keine Veränderung vornehmen, die für Sie nicht in Ordnung ist.

Erst wenn Sie sichergestellt haben, daß keine Probleme auftauchen, nehmen sie die Verschiebung vor. Sie schieben in Ihrem inneren Blickfeld ganz langsam und behutsam das Bild von „Harmonie" nach unten. Während des Verschiebens können Sie immer wieder überprüfen, wie sich das für Sie anfühlt, und lassen dann das Bild an der Stelle einrasten, wo es sich am besten anfühlt.

Zum Abschluß überprüfen Sie nochmals, ob die Veränderung des Werts zu Verhaltensweisen führt, mit denen Sie einverstanden sind. Wenn das nicht der Fall ist, gehen Sie zurück.

Wertewandel

➠ Wertrangfolge bestimmen
➠ mentale Merkmale herausfinden, die die Werte auf einem Kontinuum einordnen.
➠ einen zu verändernden Wert bestimmen
➠ die angemessene Position bestimmen
➠ überprüfen
➠ verändern
➠ testen

14. Die eigene Identität entfalten

Wenn man das Wort Selbstbewußtsein in seiner unmittelbaren Bedeutung auffaßt, geht es dabei darum, sich auf allen Ebenen der eigenen Persönlichkeit zu kennen. Menschen, die ein gutes Selbstbewußtsein haben, können auch auf alle Fragen zu ihrer Person ohne innere Barrieren klare Antworten geben. Sie verarbeiten ihre Erfahrungen in der Regel auf allen Ebenen der Persönlichkeit. Sie können sich daran erinnern, welche Erfahrungen sie in unterschiedlichen Situationen ihres Lebens gemacht haben, wie sie darauf reagiert haben, welches Verhalten sie gezeigt haben, welche Fähigkeiten, Überzeugungen und Werte in ihrem Verhalten zum Ausdruck kommen und welche Eigenschaften sie sich auf der Grundlage ihres Handelns angemessenerweise zuschreiben dürfen. Auf diese Weise kommen sie zu einer ausgewogenen inneren Bilanz. Sie kennen ihre Stärken und ihre Schwächen gleichermaßen. Sie schätzen ihre Stärken und arbeiten zumeist daran, Schwächen zu überwinden.

Bei manchen Menschen ist das anders. Sie kennen ihre Schwächen sehr genau. Ihre Stärken sind ihnen jedoch nicht gleichermaßen bewußt. Wenn sie sich erlauben, ihre Fähigkeiten zu kennen, dann werden diese als selbstverständlich, als nicht weiter beachtenswert eingeordnet. Wenn sie etwas besonders gut können, kommen sie nicht auf die Idee, sie könnten tüchtig sein. Ihr Urteil lautet anders: Wenn sie etwas gut gemacht haben, dann war die Aufgabe leicht. Und dabei sollte man sich ihrer Meinung nach auch nicht aufhalten. Und was für sie ganz wichtig ist. Angeben ist unfein! Prahlen, das macht man nicht! Man darf nicht arrogant sein. Das könnte dazu führen, daß man nicht sonderlich gemocht wird.

Auf diese Weise bringen solche Menschen, vor allem Frauen, sich um die Chance, ein angemessenes Selbstbewußtsein auszubilden. Wenn sie erfolgreich gehandelt haben, kommen sie zuweilen nicht einmal auf die Idee, daß der Erfolg Resultat ihres Handelns war. Wenn man danach fragt, kann man die Antwort bekommen: „Das war Zufall", „Da habe ich Glück gehabt" oder: „Jemand hat mir geholfen." Für ihr Bewußtsein machen sie ihren Erfolg zum Resultat glücklicher Umstände, statt ihn auf das eigene Verhalten zu beziehen. Daß in ihrem Handeln zudem Fähigkeiten zum Ausdruck kommen, erlauben sie sich schon gar nicht wahrzunehmen. Entweder war das, was sie gemacht haben, selbstverständlich oder leicht. Oder aber sie schaffen es, ihre Erfahrung zu leugnen und weiter dabei zu bleiben, daß sie das nicht können. Und ganz schwierig wird es, eine solche Person zu veranlassen, sich auf der Grundlage eigenen erfolgreichen Handelns eine Eigenschaft zuzuschreiben. Das ist ihnen zuviel der Verallgemeinerung. Vielleicht können sie zulassen, daß sie in diesem Fall tüchtig waren. Aber sonst ist das ganz anders!

Es gibt im NLP viele verschiedene Möglichkeiten, Menschen zu unterstützen, auf der Ebene ihrer Identität Einschränkungen zu überwinden. Eine einfache Vorgehensweise möchte ich Ihnen beschreiben.

Das Selbstbewußtsein eines Menschen können Sie nachhaltig unterstützen, wenn Sie ihn in bezug auf ein erfolgreiches Verhalten in einer Situation veranlassen, Fragen zu beantworten, die dazu führen, eine solche Erfahrung auf alle Ebenen der Persönlichkeit zu bringen und dort abzuspeichern. Sie bitten ihn dabei zunächst, sich an eine solche Situation noch einmal genau zu erinnern. Daraufhin stellen Sie die Frage: „Was tust du in dieser Situation und wie machst du das, was du tust?" und veranlassen damit die betreffende Person, mit liebevoller Penetranz genau zu beschreiben, was sie tut und wie sie es tut. Die gleiche liebevolle Penetranz wird Ihnen helfen, sie dazu zu bringen, jetzt alle Fähigkeiten zu entdecken, die in ihrem Handeln zum Ausdruck gekommen sind und welche Überzeugungen und Werte dieses Handeln veranlaßt haben. Und wenn Sie es auch noch erreichen, Antworten auf die Frage „Wer oder wie bist du?" zu bekommen, haben Sie einen Menschen unterstützt, sich erstmalig ein angemessenes Bewußtsein seines Handelns zu erlauben, das ihn befähigen kann, irgendwann ein vollständigeres und ausgewogenes Bewußtsein seiner selbst zu besitzen.

Selbstbewußtsein entwickeln, Übung

➡ Eine erfolgreiche Situation finden
➡ Situation wiedererinnern – *Was erlebst du?*
➡ das eigene Verhalten beschreiben – *Was tust du? Wie tust du, was du tust?*
➡ die eigenen Fähigkeiten erkennen – *Was kannst du?*
➡ Überzeugungen und Werte entdecken – *Was glaubst du? Und was ist dir wichtig?*
➡ die eigene Identität beschreiben – *Wer oder wie bist du?*

V. Die Didaktik des NLP

Im Gegensatz zu anderen Beratungs- und Therapieformen brauchen Sie für eine NLP-Ausbildung kein Psychologiestudium. Sie brauchen überhaupt kein Studium. NLP können Sie lernen, wenn Sie daran interessiert sind, sich selber weiterzuentwickeln und/oder auch andere Menschen in ihrer Weiterentwicklung zu unterstützen. Eine NLP-Ausbildung ist auch wesentlich kürzer als die Ausbildung in vergleichbaren Disziplinen wie Verhaltenspsychologie, Transaktionsanalyse oder Gestalt. Und trotz dieser kurzen Ausbildungszeit vermittelt NLP mehr Beratungs- und Coaching-Fähigkeiten als andere Disziplinen. Woran liegt das?

Das liegt daran, daß NLP Beraterfähigkeiten und Vorgehensweisen der Problemlösung und Zielerreichung in einer systematischen Form vermittelt, nämlich in der Form von „Formaten".

Formate sind in der Regel einfach und klar strukturiert. Ein Format ist in der Regel so aufgebaut und ausgearbeitet, daß es nahezu jedem ermöglicht, eine Veränderungsarbeit nach vorgegebenem Muster durchzuführen. Das können Sie ausprobieren, indem Sie das folgende Format für sich durchgehen.

Aneignung neuer Fähigkeiten

1. Wunsch formulieren

Was möchtest du gerne können?
Welche Fähigkeit möchtet du besitzen?
(Wähle eine aus!)

2. Verhalten bestimmen

Welche Verhaltensweise mußt du entwickeln, um dir diese Fähigkeit zuschreiben zu können?

3. Verhalten entwerfen

Stelle dir vor, du bist z.B. fünf Jahre älter. Und du hast in dieser Zeit die gewünschte Fähigkeit entwickelt. Entwirf vor deinem inneren Auge einen Film, der dich in dieser Zukunft zeigt, wie du diese von dir gewünschte Fähigkeit in deinem Verhalten, in deinem Tun zum Ausdruck bringst.

Schau dir diesen Film genau an. Was siehst du dort auf der inneren Leinwand? Was tust du dort? Wie verhältst du dich? Was hörst du dich sagen? Was hörst du andere sagen? Sieh und höre genau hin!

3a. (Bei Bedarf Modellieren)

(Solltest du Schwierigkeiten haben, dir dich selbst vorzustellen, wie du diese neue Verhaltensweise zeigst, dann überlege dir, ob du jemanden kennst, der ein solches Verhalten zeigen kann, oder von dem du glaubst, daß er ein solches Verhalten entwickeln kann. Entwirf also zunächst vor deinem inneren Auge einen Film, der diese Person zeigt, bevor du dir denselben Film vorstellst, der jetzt dich in der Rolle der anderen Person zeigt.)

4. Entwurf überprüfen und bei Bedarf korrigieren

Prüfe diesen Film. Wenn darin etwas geschieht, was dir nicht gefällt, dann verändere den Ablauf. Wenn du darin etwas hörst, was dir nicht gefällt, dann ändere den Text. Überprüfe und verändere den Film so lange, bis er dir ganz und gar gefällt!

5. Phantasie ganzheitlich vorstellen

Sobald du eine ganze Szene vor Augen hast, mit der du völlig zufrieden bist, gehe in das Bild hinein, durchlaufe die ganze Szene noch einmal von innen und fühle, wie das ist, wenn du dich so verhältst.

6. Entwurf überprüfen und bei Bedarf korrigieren

Solltest du jetzt etwas bemerken, was dir nicht gefällt, so gehe noch mal zurück zu der Stufe, auf der du den Film vor deinem inneren Auge hast ablaufen lassen, und verändere ihn nochmals. Überprüfe dann, ob du jetzt zufrieden bist, wenn du in das Bild hineingehst und fühlst, wie das ist, wenn du dich so verhältst. Setze diesen Prozeß der Veränderung so lange fort, bis du mit diesem Film von außen und von innen zufrieden bist. Überprüfe, ob es sonst noch irgendwelche Einwände gegen das neue Verhalten gibt. Wenn ja, setze den Prozeß der Veränderung fort, bis auch diese Einwände berücksichtigt sind.

7. Bedeutung des neuen Verhaltens klarmachen

Mache dir jetzt klar, was es für dich bedeutet, wenn du dieses Ziel erreicht haben wirst.

8. Weg zum Ziel vergegenwärtigen

Bleibe in dem Zukunftsbild drin und schaue von da aus zurück auf den Weg, den du zurückgelegt hast. Führe dir alle Schritte vor Augen, die dich in diese erwünschte Zukunft geführt haben.

9. Überprüfen

Stelle dir jetzt verschiedene Situationen vor, in denen andere im privaten, im beruflichen oder im gesellschaftlichen Bereich auf dein neues Verhalten unerwünschte Reaktionen zeigen. Überprüfe, wie du in solchen Situationen dafür sorgen kannst, daß es dir gut geht.

10. Motivieren

Stelle dir jetzt Reaktionen anderer Menschen vor, die du dir wünschst. Überlege, was du dazu tun kannst, daß solche Reaktionen eintreten.

11. Auslösereiz festlegen

Weißt du, wann die Situation da ist, in der das neue Verhalten angezeigt ist? Überlege, woran du merkst, daß das neue Verhalten angezeigt ist.

12. In die Zukunft überbrücken

Überlege, wann du in eine Situation kommst, in der das neue Verhalten angezeigt ist. Gehe in diese Situation hinein und erlebe, wie das ist, wenn du dich so verhältst, wie du es wünschst. Wenn du mehrere Situationen auf dich zukommen siehst, erlebe das neue Verhalten auch in diesen.

Wenn Sie eine NLP-Ausbildung machen, lernen Sie in einer Practitioner-Ausbildung ungefähr zwanzig verschiedene Muster, nach denen Sie vorgehen können, wenn Sie jemanden bei der Lösung seines Problems unterstützen. In der Master-Ausbildung kommt eine ähnliche Anzahl von Vorgehensweisen hinzu. Diese Muster sind auf unterschiedliche Problemstrukturen zugeschnitten. Sie lernen dabei, die Problemstrukturen zu identifizieren und dann auf ein passendes Muster zurückzugreifen. Und Sie lernen auch, flexibel vorzugehen. Wenn sich herausstellt, daß Sie mit einem Standardmuster nicht zum Ziel kommen, können Sie wechseln. Und Sie lernen auch, nicht wahllos, sondern zielorientiert zu wechseln. Wenn Sie NLP lernen, kommen Sie selten in eine Situation, in der Sie nicht wissen, wie Sie weiterarbeiten sollen. Sie verfügen über ein so großes Repertoire an Methoden, daß Sie immer etwas zur Verfügung haben, um zielorientiert arbeiten zu können.

Daß das Arbeiten mit NLP-Methoden so effektiv ist, liegt daran, daß NLP sich aus fast allen in der praktischen Psychologie entwickelten „Interventionsmethoden" die wirksamsten Muster herausgesucht, auf den Punkt gebracht und systematisiert hat.

Die Fähigkeiten, die Sie in einer 40tägigen NLP-Ausbildung (Practitioner- und Master-Ausbildung) erwerben, gehen so weit, daß Sie Menschen unterstützen können, ihre Ziele zu erreichen, ohne daß Sie die Inhalte ihrer Probleme kennen müssen. Sie können Geheimtherapie betreiben. Dabei orientieren Sie sich allein an der Physiologie eines Klienten und führen ihn durch Fragen und Anweisungen von seinem Problem zu seinem Ziel. Diese Fähigkeit werden Sie selten in der Therapie oder Beratung einsetzen, weil Menschen, die in eine psychologische Beratung kommen, zumeist das Bedürfnis haben, über ihre Probleme zu sprechen. In beruflichen Zusammenhängen kann es jedoch wichtig sein, Ihrem Gegenüber zu erlauben, seine Probleme nicht offenlegen zu müssen, wenn Sie ihn dabei unterstützen, sie zu lösen.

VI. Arbeiten mit NLP

Ich habe bei der Beschreibung der Fähigkeiten, die NLP vermittelt, schon beispielhaft aufgezeigt, in welchen Zusammenhängen des beruflichen Alltags diese Fähigkeiten nützlich sein können. In diesem letzten Kapitel möchte ich Sie in Ihren unterschiedlichen beruflichen Aufgaben als professioneller Kommunikator, als Verkäufer, Lehrer oder Trainerin, als Führungskraft, Beraterin oder Coach oder als Therapeutin ansprechen und Ihnen einen kurzen Überblick meiner Vorstellungen vom Nutzen der aufgeführten NLP-Kompetenzen in Ihrem Aufgabenbereich geben.

15. Kommunikation und Gesprächsführung mit NLP

Ich gehe davon aus, daß das Thema Kommunikation für Sie nicht neu ist, und daß Sie darin schon viele Fähigkeiten ausgebildet haben. Was kann NLP Ihnen an zusätzlichen Möglichkeiten bieten?

Ich denke, daß NLP Wahrnehmungsfähigkeiten vermittelt, die Ihr vorhandenes Repertoire erweitern können. Feinwahrnehmung ist ein Lernziel, das Sie nicht nur in Beratungszusammenhängen brauchen. Feinwahrnehmung ist nützlich in allen Situationen, in denen Ihr Gesprächspartner Ihnen nicht mitteilen möchte, wie er auf das, was Sie sagen, reagiert. Wenn Sie Ihre Feinwahrnehmung trainiert haben, bekommen Sie die Antwort nonverbal. Sich auf das Aussehen Ihrer Gesprächspartner in wichtigen Situationen einstellen zu können ist eine nützliche Fähigkeit. Wenn Sie kalibrieren gelernt haben, wissen Sie ohne Nachfragen, ob Ihr Gegenüber Sie verstanden hat oder nicht, ob er Ihnen zustimmt oder ob er skeptisch ist, ob er interessiert ist oder nicht oder ob er Probleme mit dem hat, was Sie mitteilen. Sie können einschränkende Gefühle wiedererkennen, wie zum Beispiel Unsicherheit, Streß oder auch Zorn, und sich in Ihrer Kommunikation daran orientieren.

Auch wenn Sie Wahrnehmungsebenen zu identifizieren gelernt haben, steht Ihnen eine wichtige zusätzliche Fähigkeit zur Verfügung, mit der Sie sich auf Ihr Gegenüber einstellen und sicherstellen können, daß er Ihre Mitteilung angemessen verarbeiten kann. Und die Kenntnis und Identifizierung von grundlegenden Persönlichkeitsstrukturen läßt Sie wissen, wie Sie jemanden ansprechen müssen, um es ihm zu ermöglichen, ein Verständnis der Sache zu entwickeln, und wie Sie jemanden überzeugen und motivieren können.

NLP vermittelt auch, wie Sie mit Willen und Bewußtsein gute Beziehungen zu Ihrem Gegenüber aufbauen und aufrechterhalten können. Ich gehe davon aus, daß die Methoden des sprachlichen Spiegelns wie „Kontrollierter Dialog" und „Aktives Zuhören" für Sie nicht neu sind. Diese Methoden werden auch in anderen Kommunikationsseminaren vermittelt. Mit NLP können Sie darüber hinaus mit „Spiegeln der Wahrnehmungsebene" die Fähigkeit erwerben, eine Wirkung auf Ihr Gegenüber zu erzielen, die sich ergibt, wenn jemand spürt, daß Sie „die gleiche Sprache sprechen" wie er. Was darüber hinaus in der Regel in anderen Kommunikationsseminaren nicht vermittelt wird, ist körpersprachliches Spiegeln. Dabei geht es darum, in kritischen Situationen darauf zu achten, daß Sie die Störung in der Kommunikation nicht selber körpersprachlich ausdrücken. Das können Sie mit NLP lernen.

Ein zusätzliches wertvolles Lernziel erreichen Sie durch die Fragetechnik des NLP. In Kommunikationstrainings habe ich immer wieder Rückmeldungen bekommen, daß NLP-Fragetechnik einen Fortschritt über das hinaus bedeutet, was Sie normalerweise an Fragetechnik lernen.

16. Verkaufen mit NLP

Wenn zu den wesentlichen Aufgaben Ihrer beruflichen Tätigkeit Verkaufen gehört, bietet Ihnen NLP eine Reihe wirkungsvoller Methoden zur Führung von Verkaufsgesprächen.

Dazu gehört als erstes, den Kontakt zum Kunden durch gewinnendes Auftreten positiv zu gestalten. Dazu brauchen Sie alle im NLP vermittelten Fähigkeiten der guten körpersprachlichen und sprachlichen Kommunikation. Auch Ihre Wahrnehmung sollte über das normale Maß hinaus trainiert sein, um Zustimmung, Einwände und Ablehnung, Interesse und Desinteresse nonverbal erkennen zu können, um sich davon im Verkaufsgespräch leiten zu lassen. Wichtig ist für Sie auch, die wichtigsten Kriterien und Werte Ihres Kunden herauszufinden, an denen er den Nutzen des Produkts mißt, um ihm das anbieten zu können, was für ihn genau das Richtige ist. Dabei hilft Ihnen auch die NLP-Fragetechnik, um gezielt wichtige Informationen aus der Welt Ihres Kunden zu gewinnen, die es Ihnen erlauben, ihn so zu beraten, daß er einen optimalen Gewinn aus dem Gespräch mit Ihnen ziehen kann.

Wenn Sie darüber hinaus gelernt haben, grundlegende Persönlichkeitsmerkmale zu identifizieren, können Sie Ihre Präsentation entsprechend einrichten, einem visuellen Menschen viel zeigen, mit einem auditiven entsprechend argumentieren, einem Kinästheten die Möglichkeit geben, sich das Gefühl von der Sache zu verschaffen, das er braucht. Sie wissen dann, was Sie zuerst an Informationen präsentieren müssen, damit Ihr Kunde sich ein entsprechendes Verständnis verschaffen kann. Und Sie wissen, wie Sie ihn am besten motivieren können.

Auch mit schwierigen Situationen im Kundengespräch lernen Sie mit NLP souverän umzugehen. NLP bietet Vorgehensweisen der Einwandbehandlung, die über das hinausgehen, was Sie normalerweise in einem Verkaufstraining lernen. Mit NLP lernen Sie, ein kompetenter Coach Ihres Kunden zu sein, der seine Bemühungen auf der Grundlage eines Win-Win-Modells auf eine langfristige Zusammenarbeit hin ausrichtet.

Darüber hinaus haben Sie die Möglichkeit, mit NLP an sich selbst zu arbeiten, Ihre eigenen Person, Ihr Unternehmen und die Produkte, die Sie anbieten, angemessen zu präsentieren. Über ein Modellieren erfolgreicher Verkäufer können Sie herausfinden, wo Sie stehen und wo Sie hinwollen und mit NLP-Methoden ein erfolgreiches Selbstmanagement betreiben.

NLP-Verkaufstrainer vermitteln Ihnen in der Regel alle Fähigkeiten, die traditionell in Verkaufstrainings vermittelt werden, und darüber hinaus, was NLP an weitergehenden Kompetenzen entwickelt hat.

17. Lehren und Trainieren mit NLP

Wenn Sie als Lehrerin Klassen unterrichten oder als Trainer mit Gruppen arbeiten, werden Sie aus allen kommunikativen Fähigkeiten, die NLP vermittelt, Nutzen ziehen können. Das beginnt mit der Feinwahrnehmung. Wenn Sie Lehrer sind, haben Sie genügend Zeit, sich auf Ihre Schüler genau einzustellen und im Unterricht zu erkennen, wie Ihre Arbeit ankommt. Sie entdecken nicht erst bei der Korrektur von Klassenarbeiten, ob Sie Ihren Lehrstoff angemessen vermittelt haben. Auch als Trainerin, die nur eine kurze Zeit mit Gruppen arbeitet, sind Sie in der Lage, sich darauf einzustellen, ob Ihre Seminarteilnehmer verstehen, was Sie vermitteln. Sie erkennen auch Stimmungen und Leistungsbereitschaft und wissen, wann Sie etwas unternehmen müssen, um diese zu steigern.

Darüber hinaus befähigen Sie die kommunikativen Kompetenzen des NLP, einen guten Kontakt zur Lerngruppe und zu einzelnen Teilnehmern herzustellen. Als Pädagoge wissen Sie, wie wichtig die persönliche Beziehung als Voraussetzung von Lernen ist. Schulische Leistungen sind in hohem Grade davon abhängig, ob Ihre Schüler mit Ihnen „können" und Sie mit ihnen. Sie lernen mit NLP, selbst für Sie schwierige Schüler auf der Sach- und auf der Beziehungsebene da „abzuholen", wo sie sind. Zu Beginn eines Seminars überprüfe ich beispielsweise, wie viele meiner Teilnehmerinnen gleich bereit sind, mir mit einem offenen Augenkontakt und einem Lächeln zu folgen. Wenn das nicht sofort gelingt, bemühe ich mich ein bißchen mehr, sie abzuholen.

Auch die Kenntnis von grundlegenden Persönlichkeitsstrukturen kann Sie unterstützen, sich auf Ihre Schüler einzustellen. In der Regel beachten Sie bereits, daß Sie sich auf unterschiedliche Lerntypen einstellen müssen. In der Universität wird zwar immer noch in Vorlesungen und Seminardiskussionen im wesentlichen auditives Lernen bevorzugt, aber im schulischen Unterricht werden auch visuelle und kinästhetische Lernweisen berücksichtigt.

Wichtig für Pädagogen ist die eigene Kongruenz. Stehe ich hinter dem, was ich vermittele? Kann ich noch selber überzeugt und begeistert sein für die Themen und Zusammenhänge, die ich vermittele. Wenn ich merke, daß ich „ausbrenne", habe ich mit NLP Möglichkeiten, dem entgegenzuwirken und Streß zu vermeiden.

Beim Unterrichten halte ich die Fähigkeiten sowohl der direkten wie der indirekten Kommunikation für wichtig. Wenn Sie Zusammenhänge erklären oder Aufgaben erteilen, ist es sinnvoll, die Kriterien der wohlgeformten Sprache zu verwenden, um Ihre Botschaften genau, vollständig und klar zu formulieren. Wenn es primär darum geht, einen Impuls zu geben, daß Ihre Schüler oder Seminarteilnehmer etwas tun sollen, erzeugen Anweisungen oder ein Befehlston eher Widerstände. Wenn den Adressaten

Ihrer Aufforderung klar ist, worum es geht, hat die indirekte Kommunikation Vorteile. Indirekte Sprache macht Angebote, wirkt anregend und stimulierend. Ihr Gegenüber hat dabei die Freiheit, anzunehmen oder abzulehnen. In der Realität werden Sie jedoch merken, daß von dieser Freiheit, abzulehnen, weniger Gebrauch gemacht wird, als wenn Sie anweisen oder befehlen würden. Indirekte Kommunikation ist in solchen Situationen wirksamer als direkte Kommunikation.

Mit NLP werden Sie sensibel für Ihre eigene Sprache und deren Auswirkungen auf die Menschen, die Sie unterrichten. Es wird Ihnen bewußt werden, mit welchen Formulierungen Sie selber Botschaften senden, die Ihre Schüler als negative Zuschreibungen auffassen. Sie können lernen, solche Botschaften zu vermeiden oder sie positiv umzuformulieren, so daß Ihre Äußerungen motivierend und stimulierend wirken und Offenheit, Selbständigkeit, Selbstsicherheit, Neugier und Konzentrationsfähigkeit erzeugen.

Auch das inhaltliche Reframing kann Ihnen dabei helfen, die Teilnehmer Ihrer Lerngruppen zu befähigen. Wenn Ihnen einmal deutlich geworden ist, daß die Dinge an sich keine Bedeutung haben, sondern wir ihnen ihre Bedeutung geben, kann es Ihnen gelingen, in allem, was Ihre Schüler betrifft, auch das Positive wahrzunehmen und zu vermitteln. Dann werden Fehler zu den besten Lernchancen, Defizite und Probleme zu Herausforderungen, Störungen und Aggressionen zu Unterstützungen. Und der Humor, der vielen Reframings anhaftet, kann Sie unterstützen, Probleme in ein befreiendes Lachen aufzulösen.

Auch die NLP-Fragetechnik ist im pädagogischen Bereich von hohem Wert. Wenn Sie NLP gelernt haben, wird es selten geschehen, daß Sie sich in Ihrer Kommunikation von Ihren eigenen Interpretationen leiten lassen. Sie werden wahrnehmen und Fragen stellen, um herauszufinden, welche Bedeutung die Sache, um die es gerade geht, in der Welt Ihres Schülers hat. Auf diese Weise werden Mißverständnisse viel seltener, weil Sie viel schneller herausfinden, was Ihr Schüler meint. Sie können ihn dann da abholen, wo er steht, und sehr viel leichter den Weg aufzeigen, der zum Ziel führt.

Ich möchte hier nicht den Eindruck vermitteln, daß Sie, wenn Sie NLP lernen, überhaupt keine Probleme mehr haben. Auch ich bin nicht immer hundertprozentig zufrieden mit meinen Seminaren. An manchen Tagen bin ich nicht im besten Zustand und zuweilen auch empfindlicher als sonst. Aber ich habe mit NLP die Möglichkeit, wenn etwas nicht so läuft, wie ich es mir wünsche, daran sofort zu arbeiten und mir Ressourcen verfügbar zu machen, die mich in der nächsten ähnlichen Situation unterstützen, das zu erreichen, was ich möchte. Ich selber bleibe damit immer in einem kontinuierlichen Lernprozeß, der mich weiter befähigt. Sie werden in einer NLP-Ausbildung herausfinden, mit welchen der vermittelten Methoden sie am einfachsten ein persönliches Selbstmanagement durchführen können.

Es gibt ein weiteres NLP-Thema, dessen Bedeutung für die Unterrichtspraxis gar nicht hoch genug veranschlagt werden kann: Metaphern. Wenn Sie für die Vermittlung Ihres Stoffs Metaphern erfinden, wird das den Lernerfolg erheblich steigern. Nahezu alle Menschen hören Geschichten gern. Ich habe für fast alle Themen, die ich zu vermitteln habe, aber auch zum Beispiel für günstige Einstellungen und Werte, die das unterstützen, was ich weitergeben möchte, Metaphern geschrieben. Dabei habe ich die Wahl, diese vor oder nach der eigentlichen Vermittlung anzubieten. Wenn ich das vorher mache, haben die Teilnehmer meiner Seminare beim Lernen den Eindruck, daß sie die Zusammenhänge und Vorgehensweisen, die zu lernen sind, bereits kennen. Wenn ich eine Metapher nach Vermittlung des Lernstoffs anbiete, prägt sich das Gelernte besser ein, weil die meisten Menschen sich bildhafte Vorstellungen besser merken können. Außerdem kann ich die meisten Menschen mit einer Metapher-Geschichte auch gefühlsmäßig erreichen.

Für Fähigkeiten, die Sie zu vermitteln haben, gibt es immer günstige und ungünstige Strategien. Im schulischen Bereich kann man das am Beispiel der Rechtschreibung am besten deutlich machen. Menschen, die in Rechtschreibung gut sind, benutzen eine visuelle Strategie, die darin besteht, das Wort zu hören, das ich schreiben soll, mir daraufhin ein Bild zu konstruieren, wie es geschrieben aussieht, dieses Bild zu vergleichen mit einem Bild, wie ich es bereits richtig geschrieben gesehen habe, und daraufhin ein Gefühl von Angemessenheit zu bekommen. Ich habe in der Schule eine ungünstige Strategie für die Rechtschreibung gelernt, nämlich eine auditive Buchstabierstrategie. Typischerweise hat es mir lange Schwierigkeiten gemacht, mir zu merken, was groß oder klein geschrieben wird und was zusammen und auseinander geschrieben wird, weil man das nicht hören kann. Wenn Sie Fähigkeiten zu vermitteln haben, können Sie herausfinden, welche Strategien Menschen benutzen, die diese Fähigkeiten gut beherrschen, und darauf achten, daß die Teilnehmerinnen Ihrer Lerngruppen optimale Strategien erwerben, wenn sie sich diese Fähigkeiten aneignen.

18. Führen mit NLP

Wie immer man die Funktionen einer Führungskraft bestimmen mag, zu ihren wichtigsten Aufgaben gehört es, zu den Menschen, die ihrer Leitung anvertraut sind, eine Beziehung herzustellen, in denen diese ihre fachlichen und persönlichen Fähigkeiten und Kräfte optimal umsetzen, entfalten und steigern können. Um solche sozialen Beziehungen herzustellen, in denen Mitarbeiter in ihren Potentialen wachsen und sich entwickeln können, bedarf es wesentlicher Persönlichkeitsmerkmale, über die eine Führungskraft verfügen muß, nämlich persönliche Authentizität, Empathie und eine positive Einstellung zum anderen.

Verhaltensweisen, in denen diese Persönlichkeitsmerkmale zum Ausdruck kommen, sind lernbar. Wenn Mitarbeiterführung zu Ihren beruflichen Aufgaben gehört, haben Sie in Managementseminaren grundlegende Fähigkeiten der Kommunikation in schwierigen Situationen gelernt. NLP bietet Ihnen darüber hinaus eine Steigerung Ihrer Feinwahrnehmung und des Vermögens, gezielt nonverbal und verbal zu spiegeln und zu führen. Und NLP vermittelt Ihnen diese Fähigkeiten nicht nur als „Sozialtechniken". Mit NLP haben Sie auch die Möglichkeit, so an sich selber zu arbeiten, daß Sie diese Verhaltensweisen als authentischen Ausdruck Ihrer Persönlichkeit zur Verfügung haben.

Auf den Nutzen, den Ihnen die Beherrschung der NLP-Fragetechnik bietet, muß ich an dieser Stelle nicht mehr zurückkommen, außer vielleicht mit dem Argument, daß Ihnen diese Form des Fragens hilft, Zeit zu sparen. NLP-Fragen sind sehr viel effektiver in der Aufdeckung von Zusammenhängen als das, was Sie bisher gelernt haben. In Managementseminaren lasse ich die Teilnehmerinnen am Beispiel eines Problems immer erfahren, wie schnell sie mit ihrer gewohnten Art des Fragens zum Ziel kommen und wie viel schneller sie mit NLP-Fragen am Ziel sind.

Die in „Metaprogrammen" identifizierten grundlegenden Persönlichkeitsstrukturen sind speziell für das Management weiterentwickelt worden, um Persönlichkeitsprofile zu erarbeiten. Mit diesen grundlegenden Persönlichkeitsstrukturen haben Sie ein System zur Verfügung, um für einen Arbeitsplatz die richtige Person zu finden. Die Kenntnis dieser Strukturen und die Fähigkeit, sie zu identifizieren, ermöglicht Ihnen jedoch nicht nur, die richtigen Mitarbeiter auszuwählen. Sie befähigt Sie darüber hinaus, sich in allen zwischenmenschlichen Kontakten auf Ihr Gegenüber einzustellen, so daß Sie bei der Vermittlung von Verständnis, bei der Motivation und vielen anderen wichtigen Denk-, Einstellungs- und Handlungsprozessen effektiv und effizient vorgehen können.

Auch die Kriterien der Zielbestimmung sind im NLP speziell für das Management weiterentwickelt worden, um Führungskräfte zu befähigen, Ziele so zu formulieren, daß sie dabei genau wissen, wohin sie wollen, was sie selber tun können, sich dabei nicht überfordern und die Folgen der Zielerreichung im Voraus bedenken. Wenn Sie die Kriterien wohlgeformter Ziele beherrschen, werden auch die Aufgaben, mit denen Sie Ihre Mitarbeiter betrauen, wohlgeformt formuliert sein. Ihre Mitarbeiter wissen dann genau, was sie tun sollen.

Ihre Sensibilität für die Sprache, die Sie sprechen, und ihre Wirkung auf andere, befähigt Sie auch, zu entscheiden, wann die klare und direkte Sprache innerhalb der Kommunikation nicht nützlich ist, nämlich immer dann, wenn es nicht darum geht, Informationen weiterzugeben, sondern zum Handeln aufzufordern und zu motivieren. In solchen Fällen ist die indirekte Kommunikation wirksamer. Im NLP lernen Sie viele Formen, mit denen Sie indirekt zum Handeln auffordern und Widerstand vermeiden können, aus denen Sie die für Sie passenden auswählen und in Ihr Repertoire aufnehmen können. Wenn Sie sich darüber hinaus auch die Möglichkeiten der metaphorischen Kommunikation zu eigen machen, haben Sie für die Fälle, in denen gute Argumente, rhetorisches Geschick oder Anweisungen nicht mehr zum Erfolg führen, immer noch eine Möglichkeit, Einsichten zu vermitteln, zu überzeugen und Verhaltensänderungen zu bewirken.

Wenn Sie sich darüber hinaus auch die Fähigkeit, gezielt mit Rahmen umzugehen, aneignen, haben Sie weitere Möglichkeiten zur Verfügung, gezielt Erwartungen zu wecken und die Bedeutung der Dinge, um die es geht, in der Vorstellung Ihrer Gesprächspartner positiv zu beeinflussen. Ebenso wenig, wie Sie nicht kommunizieren können, können Sie vermeiden, Rahmen zu setzen. Wenn Sie sich mit diesem Thema beschäftigen, können Sie bewußt und gezielt damit umgehen und den Rahmen finden, den Sie brauchen. Sie können aus allem, was passiert, das Beste machen, die emotionalen Reaktionen, Ihre eigenen und die anderer, positiv beeinflussen und damit darauf hinwirken, daß die kleinen Ärgernisse des beruflichen Alltags ihre Macht auf die Stimmungen in Ihrem Team verlieren. Auch wenn Reframings selten geeignet sind, Probleme zum Verschwinden zu bringen, schaffen sie mit der Eröffnung einer neuen Sichtweise einen Bedeutungswandel der Sache, die eine andere emotionale Reaktion ermöglicht. Und zuweilen befähigt der humorvolle Charakter von Reframings Sie, Probleme in Lachen aufzulösen.

Von Führungskräften wird heute nicht nur erwartet, zu den Menschen, die ihrer Leitung anvertraut sind, eine Beziehung herzustellen, in denen diese ihre fachlichen und persönlichen Fähigkeiten und Kräfte optimal umsetzen können. Zu den Aufgaben von Führungskräften gehört heute auch, ihre Mitarbeiter zu fördern und zu entwickeln.

Der Coach Ihrer Mitarbeiter zu werden, ist ein Ziel, das Sie mit einer NLP-Ausbildung erreichen können.

In einer NLP-Ausbildung lernen Sie Formen von Beratungsgesprächen kennen, mit denen Sie Ihre Mitarbeiter unterstützen können, persönliche Ziele zu erreichen, die sie befähigen, sich beruflich weiterzuentwickeln. Die Voraussetzung dafür ist eine von Vertrauen und Achtung getragene Beziehung. Auf dieser Basis bittet Ihr Mitarbeiter Sie um Unterstützung, oder Sie bieten Unterstützung an. Wie Sie in dem sich dann anschließenden Gespräch vorgehen, bewegt sich in einem vertrauten Rahmen. Sie stellen Fragen, nehmen die Äußerungen Ihres Gegenübers auf und führen ihn damit durch einen Prozeß von seinem Problem zum Ziel. Ein solches Gespräch unterscheidet sich nicht von einem normalen Problemgespräch. Es geschieht nichts, was dem Betreffenden den Eindruck vermitteln könnte, sich „auf die Couch gelegt" zu fühlen.

NLP vermittelt viele Formate, die in einem solchen Rahmen durchgeführt werden können. Sie können bei Problemlösungen unterstützen und beitragen, Ziele zu erreichen. In solchen Gesprächen können Sie Ihre Mitarbeiter befähigen, Streß zu bewältigen und Situationen, in denen andere einschränkende Gefühle wie Unsicherheit, Ärger, Ungeduld auftauchen, zu meistern. Sie können Gespräche führen, die Ihre Mitarbeiter befähigen, unangemessene Verhaltensweisen zu überwinden und zu lernen, wie sie sich motivieren und zu sinnvollen Entscheidungen kommen können.

Andere Beratungsgespräche erfordern einen besonderen Rahmen, der darin besteht, daß der Betreffende weiß, daß Sie eine Coaching-Ausbildung haben, und er sich darauf einlassen kann, auch ungewöhnlichen Aufforderungen zu folgen. In einem solchen Rahmen können Sie Beratungsgespräche mit dem Betreffenden führen, in denen Sie mit inneren Bildern arbeiten. In Führungskräfte-Seminaren vermittle ich einfache Formate, mit denen die Teilnehmer bei Mitarbeitern Ziele wie die folgenden erreichen können, ungeliebte Pflichten gerne zu erfüllen, nützliche Überzeugungen aufzubauen, ein positives Selbstbild zu entwickeln, Ängste zu überwinden und zwanghafte Verhaltensweisen aufzulösen. Darüber hinaus befähigt Sie das NLP-Konfliktmanagement, eigene innere Konflikte aufzulösen, aus erlebten Konflikten zu lernen, in aktuellen Konflikten zielorientiert vorzugehen und bei Konflikten unter Ihren Mitarbeitern zu vermitteln.

19. Beraten und Coachen mit NLP

Wenn andere Menschen zu beraten oder zu coachen zu Ihren beruflichen Aufgaben gehört, muß ich auf das Thema Feinwahrnehmung und die Fähigkeit, eine Beziehung herzustellen, die von gegenseitiger Achtung und Vertrauen getragen ist, nicht mehr zurückkommen. Sie wissen, daß ein Mensch mit Problemen sich nur dann öffnen kann, wenn Sie ihm Ihre ungeteilte Aufmerksamkeit zuwenden und das über den gesamten Prozeß der Beratung auch zeigen. Und Sie wissen, daß es von Ihrer Kunst des Fragens abhängt, wie schnell Sie die Struktur eines Problems aufdecken.

Was eine NLP-Ausbildung für Sie sinnvoll machen kann, ist die Vielfalt an Problemlösungsprozessen, die Sie dabei kennenlernen werden. Es gibt keine einschränkenden Gefühlsreaktionen Ihrer Klienten, die Sie nicht verändern können. Sie können Ihre Klienten befähigen, alle unangemessenen Verhaltensweisen, die spontan auftauchen, zu überwinden und alle gewünschten Verhaltensweisen ermöglichen, bei denen die Person etwas daran gehindert hat, diese zu zeigen. Sie können alle inneren Konflikte und Ambivalenzen auflösen und Ihrem Klienten die richtigen Strategien vermitteln für alle Fähigkeiten, die er erwerben möchte. Sie können ihn befähigen, einschränkende Überzeugungen zu überwinden und gewünschte Überzeugungen aufzubauen. Und sie können Werte innerhalb der Wertehierarchie verändern und Selbstbewußtsein aufbauen.

Dazu stehen Ihnen mehrere Methoden zur Verfügung, die es Ihnen erlauben, sich flexibel auf die Formen einzustellen, mit denen Ihre Klienten am besten arbeiten können. Sie lernen, Ressourcen mit Hilfe von verschiedenen Formen der Ankertechnik zu integrieren. Sie lernen Reframingmodelle in unterschiedlichen Formen, Strategiearbeit und Submodalitätenarbeit. Allein mit Submodalitätenarbeiten können Sie alle ungewünschten emotionalen Zustände wie Streß, Schuld, Scham, Depressionen, Trauer und Ängste, ungewünschte kognitive Reaktionen wie Verwirrung, ungewünschte Verhaltensweisen und sogar Zwänge auflösen, physische Prozesse wie die Heilung von Verletzungen unterstützen und mentale Konstrukte wie einschränkende Überzeugungen, Werte und Metaprogramme beeinflussen.

20. Therapieren mit NLP

Was kann NLP Ihnen bieten, wenn Sie bereits eine Ausbildung in Psychoanalyse, Verhaltenstherapie, Gestalt, Transaktionsanalyse, Rogers, Psychodrama, systemischer Familientherapie, Hypnotherapie etc. gemacht haben oder eine Supervisionsausbildung absolviert haben und mit den Interventionsmethoden, die Sie in Ihrer Ausbildung gelernt haben, erfolgreich arbeiten?

Was NLP für Sie interessant machen könnte, ist der Umstand, daß Sie kein neues theoretisches oder ideologisches Denksystem übernehmen müssen. NLP ist eine pragmatische Disziplin. Im NLP geht es darum, herauszufinden, wie ein Problem strukturiert ist, und dann das zu tun, was funktioniert. Zudem gibt es im NLP eine Grundannahme, die besagt: Wenn etwas, was du tust, nicht funktioniert, dann tu etwas anderes. Natürlich bietet NLP Erklärungen dafür an, wie etwas wirkt. Und solche Erklärungen sind rational nachvollziehbar. Aber NLP geht davon aus, daß es keine „wahre" Form gibt, etwas zu erklären. Es gibt viele Möglichkeiten, sich ein Verständnis davon zu verschaffen, wie ein Problem strukturiert ist und was in einer Beratung geschieht. Sie haben also, wenn Sie NLP lernen, weiterhin die Möglichkeit, Ihr Verständnis psychischer Strukturen und der Wirkung von Veränderungsprozessen beizubehalten. Sie müssen kein neues Glaubenssystem übernehmen.

Diese Abstinenz in bezug auf inhaltliche Aussagen über psychische Prozesse war die Voraussetzung dafür, daß die Begründer sich aus dem vorhandenen Repertoire an Interventionsmethoden aller Psychologien und Psychotherapien das Wirksamste heraussuchten, es auf den Punkt brachten und systematisieren konnten. Die Gesamtheit der NLP-Formate enthält Elemente und Verfahren der Verhaltenstherapie, der Gestalttherapie von Perls, der Hypnotherapie Ericksons, der systemischen Familientherapie Virginia Satirs und die von Bandler selbst entwickelten Submodalitätenarbeiten. Und nicht wenige NLPler sind dabei, weitere erfolgreiche Methoden anderer Therapierichtungen ins NLP zu integrieren.

Die theoretische Abstinenz des NLP führt auch dazu, daß es keine Vorweg-Annahmen darüber gibt, wo eine Veränderungsarbeit ansetzen sollte und wie sie durchgeführt werden muß. NLP nimmt nicht wie die Psychoanalyse an, daß Probleme aus traumatischen Kindheitserlebnissen resultieren und daß man deshalb bei der Auflösung von Problemen in die Kindheit zurückgehen müsse. Es gibt zwar eine ganze Reihe von Formaten, die zu prägenden Ereignissen oder Kindheitstraumata zurückgehen, aber es steht einem NLPler frei, sie einzusetzen, wenn er es für richtig hält. In der Regel wird er zunächst versuchen, die Problemstrategie im aktuellen Zusammenhang zu verändern. NLP entwickelt auch keine Strukturanalyse der Persönlichkeit wie die Transaktionsanalyse und geht dann in der Veränderungsarbeit von solchen Strukturen aus. Dennoch gibt es „Teile"-Arbeiten im NLP, aber die Teile, mit denen dabei gearbeitet wird, sind nicht das Eltern-Ich oder das Kind-Ich, sondern solche Teile, die sich bei der Problemanalyse als eine Struktur zeigen, die man als „Teil" bezeichnen könnte.

NLP geht von der Grundannahme aus, daß jeder Mensch ein Individuum ist und deshalb Probleme auf eine individuelle Art hervorbringt. Der Berater steht jedesmal vor der Aufgabe, die besondere Art und Weise herauszufinden, wie jemand ein Verhalten hervorbringt, das er als Problem begreift. Die Interventionsmethoden, die NLP gesammelt hat, beziehen sich auf solche Problemstrukturen.

Wenn Sie NLP lernen, eignen Sie sich eine große Anzahl von Interventionsmethoden an, die auf bestimmte Problemstrukturen zugeschnitten sind. Diese lernen Sie zunächst in einer standardisierten Form, als „Formate". Diese Form des Lernens ist einfach, weil solche Formate systematisch und logisch aufgebaut sind. Jeden Schritt eines solchen Formats lernen Sie nach Erfolgskriterien zu beurteilen. Deshalb geraten Sie bei Ihrer Arbeit nicht ins Schwimmen und verlieren das Ziel nicht aus den Augen. Auch die Qualität einer abgeschlossenen Arbeit lernen Sie an Kriterien einzuschätzen.

Wenn Sie bei der Problemelaboration eine bestimmte Struktur herausgefunden haben, können Sie sofort zielorientiert mit einem Standardformat weiterarbeiten, um vom Problem zum Ziel zu kommen. Das Repertoire an Formaten, das Sie sich auf diese Weise aneignen, befähigt Sie zu einem hohen Grad an Flexibilität. Es gibt nicht immer nur einen Ansatzpunkt für Ihre Arbeit und nicht nur eine Methode, die geeignet ist, zum Ziel zu kommen. Sie können Ihre vorhandenen Fähigkeiten mit denen kombinieren, die Sie in einer NLP-Ausbildung erwerben.

21. Selbstmanagement mit NLP

Wenn Sie NLP lernen, werden Sie eine Reihe von Vorgehensweisen lernen, mit denen Sie ein erfolgreiches Selbstmanagement durchführen können. Dazu gehören nicht nur alle Möglichkeiten der Ressourcenintegration, sondern auch die eigene Kommunikation mit dem Unbewußten, Strategiearbeiten und alle Submodalitätenarbeiten.

Ressourcenintegration

Wenn Sie an Ihrer eigenen Entwicklung interessiert sind, werden Sie diese Erfahrung kennen: Im Verlauf des (Arbeits-)Tages hat es irgendeine Situation gegeben, in der die Dinge nicht so gelaufen sind, wie Sie sich das gewünscht haben. Abends vor dem Einschlafen lassen Sie diese Situation noch einmal Revue passieren und überlegen sich: „Was hätte ich tun oder sagen können, damit die Dinge sich günstiger hätten entwickeln können?" Wenn Sie sich in einer NLP-Ausbildung Vorgehensweisen der Ressourcenintegration angeeignet haben, können Sie diese Form des „Lernens aus ungünstigen Erfahrungen" wirkungsvoller gestalten. Sie überlegen sich gezielt, welche Fähigkeit Sie in dieser Situation gebraucht hätten, um erfolgreich zu sein, und beziehen diese mit Hilfe von Ankern ein. Wenn Sie das nächste Mal in eine ähnliche Situation kommen, wird diese Fähigkeit Ihnen zur Verfügung stehen. Auf diese Weise können Sie sich auch auf alle zukünftigen Situationen vorbereiten, in denen Sie über bestimmte Fähigkeiten verfügen müssen, um erfolgreich zu sein. Im NLP lernen Sie unterschiedliche Techniken des sogenannten Ankerns, mit denen Sie Ressourcen integrieren können.

Kommunikation mit dem eigenen Unbewußten

Zu den für Anfänger erstaunlichen und überraschenden Fähigkeiten, die Sie in NLP-Ausbildungen erwerben, gehört auch die der Kommunikation mit dem eigenen Unbewußten. Es würde in diesem Rahmen zu weit führen, Ihnen die Vorgehensweisen zu beschreiben, aber ich habe die Erfahrung gemacht, daß nicht wenige meiner Seminarteilnehmer gerade diese Methode benutzen, um sich für anspruchsvolle und komplexe berufliche Aufgaben vorzubereiten. Mit solchen Methoden können Sie sich erfolgsorientierte Verhaltensweisen verfügbar machen, Probleme bewältigen und innere Konflikte auflösen.

Arbeiten mit Strategien

Erinnern Sie sich, daß ich Ihnen eingangs die Veränderungsarbeit mit NLP anhand meiner eigenen Autofahrphobie dargestellt habe. Das war eine Strategiearbeit. Wenn Sie mit Strategien arbeiten, ist der erste Schritt in der Regel, daß Sie ein mentales Muster analysieren, um herauszufinden, woran es liegt, daß Sie etwas nicht besonders gut können, oder sich Probleme einhandeln. Danach können Sie diese Strategie zielorientiert verändern oder eine ganz neue Strategie entwerfen, um erfolgreicher handeln zu können.

Wenn Sie mit Strategien arbeiten, können Sie sich eine erfolgreiche Motivationsstrategie für Aufgaben aneignen, die Sie nicht gerne tun. Sie können Ihre Entscheidungsstrategie überprüfen. Sie können eine günstige Strategie erwerben, um schnell aus einschränkenden Gefühlen wie Frustration, Ärger und Langeweile herauszufinden. NLP hat die Kreativitäts-Strategie von Walt Disney modelliert, die Sie lernen und einsetzen können. Ja, es gibt eine Strategie, wie man sich „schlank" essen kann. Wann immer irgendein Mensch eine hervorragende Fähigkeit besitzt, verfügt er über eine Strategie, die ihn zu diesem Können befähigt, die Sie herausfinden und sich aneignen können, um es ihm gleichzutun.

Submodalitätenarbeit

Bei dieser Form der Veränderungsarbeit verändern Sie ein Element eines mentalen Musters. Das ist sehr häufig ein Bild. Diese Arbeit eignet sich hervorragend für das Selbstmanagement. Und es gibt fast kein Problem, das Sie damit nicht lösen können. Verändern und überwinden können Sie damit alle unerwünschten emotionalen Zustände, Ängste und Phobien, Zwänge, physische Prozesse bei Verletzungen und Krankheiten, Überzeugungen und Werte. Und Sie können über die Veränderung Ihres Selbstbildes an Ihrer eigenen Identität arbeiten.

Ein schönes Beispiel für eine Veränderungsarbeit dieses Typs stellt die folgende einfache Selbstbildarbeit dar.

Selbstbildarbeit

1. Selbstrepräsentation

Vergegenwärtige dir, wie du dich selber wahrnimmst.
Wie siehst du dich? Wie denkst du über dich?

2. Submodalitäten feststellen

Achte jetzt aufmerksam darauf, wie das innere Bild, das du von dir hast, aussieht.

Und jetzt achte aufmerksam auf deinen inneren Selbstkommentar. Wie lautet deine eigene Aussage über dich selber, und wie klingt deine Stimme?

3. Submodalitäten verändern

Orientiere dich jetzt an deinen Gefühlen und verändere das Bild von deiner eigenen Person. Vielleicht machst du es größer, farbiger, heller oder bewegter. Laß deine eigene Person eine angemessene Haltung einnehmen. Verändere den internen Kommentar und den Klang und die Lautstärke der Stimme, bis du das Gefühl hast, angemessen repräsentiert zu sein.

4. Ökologie-Check

Überprüfe, ob es Einwände gegen ein dermaßen verändertes Selbstbild gibt. Wenn ja, berücksichtige diese Einwände.

5. Future-Pace

Stelle dir mehrere Situationen in der Zukunft vor, in denen du über dieses verändertes Selbstbild verfügen möchtest. Überprüfe dein Verhalten in diesen Situationen.

22. NLP-Grundannahmen und ihre Wirkung

Ich habe Ihnen oben schon dargelegt, daß Sie keine Ideologie und kein Glaubenssystem übernehmen müssen, wenn Sie mit NLP arbeiten. Ich denke jedoch, wenn Sie sich auf NLP einlassen können, daß das einen Einfluß auf Ihre Einstellung zu anderen Menschen haben wird. Wenn Sie es nicht schon erfahren haben, werden Sie mit NLP die Erfahrung machen, wie sehr sich die Lebenswelt eines anderen Menschen in ihrer Struktur, ihrem Aufbau und auch in wesentlichen Einzelheiten von Ihrer eigenen unterscheidet. Diese Erfahrungen und die Reflexion wichtiger Grundannahmen des NLP führen in der Regel dazu, das Anderssein anderer Menschen in ähnlicher Weise schätzen zu lernen wie die Ausprägung der eigenen Persönlichkeit.

Sie wissen bereits, daß NLP sehr viel mit „Neuro" zu tun hat, und zwar mit der Neurophysiologie. Mit den Erkenntnissen der Neurophysiologie kann man aufzeigen, daß es das, was wir uns unter „Wahrheit" vorstellen, gar nicht gibt. Ich möchte Ihnen diese Grundannahme des NLP in ein paar Gedankengängen erläutern, und daraus Schlußfolgerungen ziehen, die Sie für sich überprüfen können.

In der Schule haben wir gelernt: Sehen funktioniert wie eine Kamera

Erinnern Sie sich an Ihren Schulunterricht, höhere Klasse, Biologie- oder Physikunterricht, Thema: das Auge?

Das Auge des Menschen besteht aus einem Augapfel in der Form einer Kugel, deren größter Teil von einer harten weißen Augenhaut gebildet wird, die vorne vollkommen durchsichtig ist und als Hornhaut bezeichnet wird. Im Augapfel liegt der Augenhaut die gefäßreiche dunkle Aderhaut an, die vorne in die Regenbogenhaut oder Iris übergeht. In der Mitte der Iris befindet sich das Sehloch oder die Pupille, die unwillkürlich bis auf zwei mm verengt oder bis auf fünf mm erweitert werden kann. Wo Regenbogenhaut und Aderhaut zusammenstoßen, liegt der Zilliarkörper, der, wenn er zusammengezogen wird, die an ihm befestigte lichtbrechende Linse vorne stärker wölbt und damit das Sehen an nähere Gegenstände anpaßt. Die nach hinten von der Aderhaut umgebene Netzhaut ist eine mehrschichtige, höchst kompliziert gebaute, sehr zarte Haut, in die der Sehnerv an einer „blinder Fleck" genannten Stelle eintritt.

In der Schule haben wir gelernt, daß die von einem Gegenstand ausgehenden Lichtstrahlen durch die Pupille in das Innere des Auges gelangen, durch die Linse und den gleichfalls durchsichtigen Glaskörper gebrochen werden und sich im Hintergrund des Auges zu einem scharfen Bild des Gegenstandes vereinigen, das vom Sehnerv ins Gehirn geleitet wird. Wir haben gelernt, daß die Lichtstrahlen, die von den Gegenständen unserer Umwelt ausgehen, im Hintergrund unserer Augen scharfe Bilder dieser Gegenstände erzeugen. Daraus muß man schließen, daß wir alle dasselbe, nämlich die uns umgebende Wirklichkeit, wahrnehmen. Das Auge funktioniert demnach wie eine Kamera.

Diese Auffassung ist ein Irrtum. Was wir in der Schule über die visuelle Wahrnehmung gelernt haben, ist mit den Ergebnissen der neurophysiologischen Forschung nicht zu vereinbaren. Sehen funktioniert nicht wie eine Kamera! Es gibt keine uns umgebende Wirklichkeit, die Abbilder in unseren Augen erzeugt, die zum Gehirn weitergeleitet werden. Es gibt deshalb auch keine uns umgebende Wirklichkeit, die wir alle teilen!

Was wir wahrnehmen, ist keine Abbildung der Realität! Was wir wahrnehmen, bringen wir hervor!

In Lehrbüchern der Neuro- und Sinnesphysiologie können wir nachlesen, daß Sehen ein Prozeß ist, der aus höchst komplizierten physikalischen, chemischen und elektrischen Vorgängen besteht. Die von einem Gegenstand ausgehenden Lichtstrahlen werden durch einen angepaßten dioptrischen Apparat auf den Netzhäuten beider Augen fokussiert, lösen in den Photosensoren chemische Prozesse aus, die in elektrische Signale umgesetzt und an die Ganglienzellen weitergeleitet werden, deren Axone das erste Neuron der zentralen Sehbahn bilden. (Vgl. Robert F. Schmidt (Hrsg.): Neuro- und Sinnesphysiologie. Berlin [3]1998)

Daß Sehen nicht so funktioniert wie eine Kamera, hätten wir schon seit 150 Jahren wissen können, seit ein deutscher Neurophysiologe, Johannes Müller, mit Nervenzellen experimentierte und herausfand, daß eine Nervenzelle nur elektrische Impulse an eine andere Nervenzelle weiterleitet. Die Signale, die der Sehnerv dem Gehirn zuführt, sagen dem Gehirn nicht „blau", „rot", „grün" oder „gelb". Nervenzellen „feuern" nur einen elektrischen Impuls, oder sie „feuern" nicht.

Wenn wir diese neurophysiologischen Erkenntnisse ernst nehmen, müssen wir eine ganz andere Schlußfolgerung ziehen, als wir in der Schule gelernt haben. Was wir unsere Wahrnehmung nennen, kann die äußere Welt gar nicht abbilden. Umweltreize erregen unsere Sinneszellen und diese erregen die Zellen unseres zentralen Nervensystems. Unser Gehirn verarbeitet diese Erregung an unterschiedlichen Orten zu Bildern, Geräuschen, Gefühlen, Geruchs- und Geschmacksempfindungen. Was wir wahrnehmen, ist demnach kein Abbild der Realität. Was wir wahrnehmen, bringen wir selber hervor.

Die Entdeckung von Johannes Müller war eine revolutionäre Entdeckung, die mit der Art und Weise, wie wir normalerweise unser Dasein auf der Welt auffassen, überhaupt nicht mehr übereinstimmt. Haben wir nicht immer dann, wenn wir die Augen auftun, ein Bild von der Welt draußen? Hören wir nicht immer dann, wenn wir lauschen, Stimmen um uns herum? Ertasten wir nicht immer dann, wenn wir die Hände ausstrecken, die Dinge in unserer Umwelt? Wenn wir die Erkenntnisse der Neurophysiologie ernst nehmen, muß die Antwort „nein" lauten. Über das, was draußen ist, haben wir gar keine Informationen, keine Bilder, keine Laute, keine Gefühle. Was wir sagen können, ist, daß etwas unsere Sinnesorgane reizt. Das ist aber auch schon alles. Aus diesen nicht näher bestimmbaren Reizen schaffen wir in unserem Gehirn „Repräsentationen", Bilder, Laute und Gefühle und projizieren sie nach außen.

Wahrheit im Sinne einer Übereinstimmung von Wahrnehmung und Realität gibt es nicht!

Die verwirrendste Schlußfolgerung, die wir aus diesen Erkenntnissen ziehen müssen, besteht darin, daß es so etwas wie Wahrheit gar nicht gibt. Die abendländische Philosophie hat unter Wahrheit immer die Übereinstimmung unserer Wahrnehmung mit der Realität verstanden. Wenn wir aber über gar keine Informationen von da draußen verfügen als die, die unser Gehirn hervorbringt, gibt es gar keine Möglichkeit für einen solchen Vergleich. Damit gibt es auch keine Kriterien über eine „richtige" oder „wahre" oder „objektive" Wahrnehmung.

Jeder Mensch bringt seine eigene Welt hervor!

Wenn wir davon ausgehen müssen, daß unser Wahrnehmungsapparat die Welt nicht abbildet, sondern sie hervorbringt, dann müssen wir auch davon ausgehen, daß jeder Mensch seine eigene Welt hervorbringt, die sich von der aller anderen unterscheidet. Man kann zwar davon ausgehen, daß die unterschiedlichen Welten der Menschen Ähnlichkeiten aufweisen, soweit alle Menschen über fünf Sinne und ein Zentralnervensystem verfügen, die Bilder, Geräusche, Gefühle, Geruchs- und Geschmacksempfindungen in ihnen hervorbringen. Insofern gibt es in allen menschlichen Welten Gattungselemente, die alle Menschen gemeinsam besitzen. Darüber hinaus schafft eine gemeinsame Sprache die Möglichkeit der Verständigung und Übereinkunft über das, was für alle gelten soll.

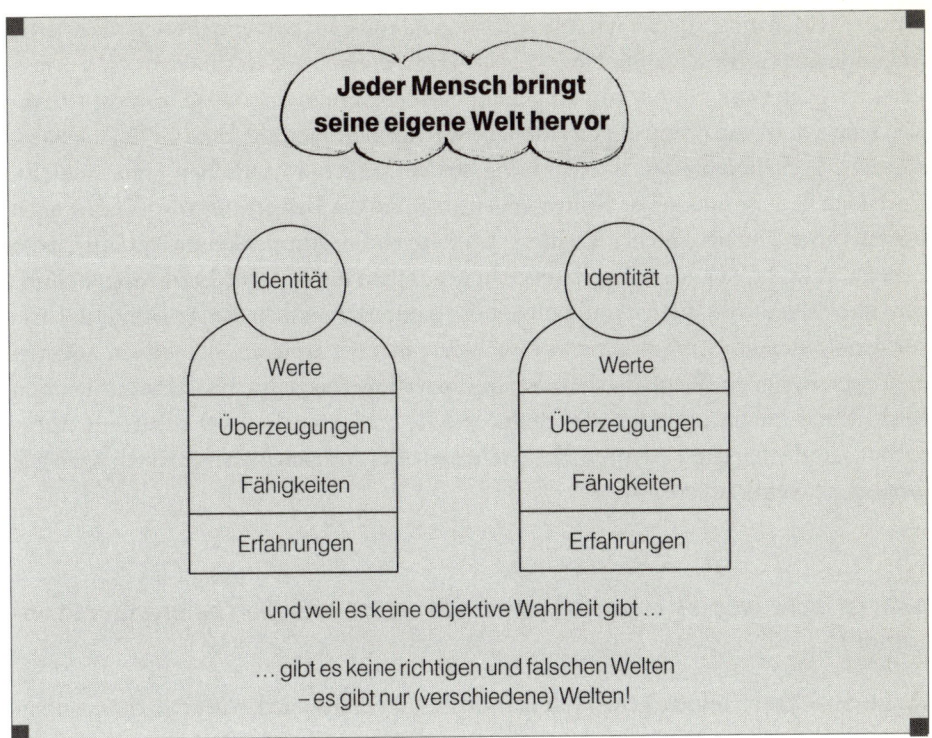

Jeder Mensch bringt seine eigene Welt hervor

Identität

Werte

Überzeugungen

Fähigkeiten

Erfahrungen

Identität

Werte

Überzeugungen

Fähigkeiten

Erfahrungen

und weil es keine objektive Wahrheit gibt ...

... gibt es keine richtigen und falschen Welten
– es gibt nur (verschiedene) Welten!

Es gibt keine richtigen oder falschen Welten. Es gibt nur (verschiedene) Welten!

Wenn ich die Annahme, daß jeder Mensch seine eigene Welt aufbaut und daß es so etwas wie Wahrheit und Objektivität nicht gibt, akzeptiere, dann muß ich noch eine weitere Schlußfolgerung ziehen, nämlich daß es auch kein Kriterium mehr gibt, irgendeine Welt irgendeines Menschen als richtig oder falsch, als gut oder schlecht, als schön oder häßlich, als wahr oder unwahr zu beurteilen. Wenn es keine objektive Wahrheit gibt, dann gibt es auch kein objektives Kriterium dafür, daß ich recht haben kann. Es gibt keine richtigen oder falschen Welten. Es gibt nur (verschiedene) Welten.

Erfahrungen sind die Grundlage, auf der Menschen ihr Wissen von der Welt und damit ihre Welt aufbauen. Unsere Erfahrungen verarbeiten wir aber auch zu dem, was wir unsere Persönlichkeit nennen. Wir geben unseren Erfahrungen eine Bedeutung, indem wir sie bewerten, und auf dieser Grundlage handeln wir. Wir ziehen aus unseren Erfahrungen auch Schlußfolgerungen und kommen zu unseren Überzeugungen, die uns wissen lassen, was wir für wahr halten, und zu unseren Werten, das sind die Dinge, die wir für wichtig halten, und darüber zu dem, was wir unsere Identität nennen. Wenn aber unsere Wahrnehmungen von der Welt keine Abbildungen der Realität sind, sondern Erfahrungen, die wir hervorbringen, müssen wir annehmen, daß jeder Mensch seine eigene Persönlichkeit hervorbringt, die sich von der aller anderen unterscheidet. Man kann zwar davon ausgehen, daß Menschen, die eine gemeinsame Umwelt teilen, ähnliche Erfahrungen machen. Wir können auch ähnliche Gefühlsreaktionen und Verhaltensweisen in Rechnung stellen, insofern Menschen einer Schicht, einer Gesellschaft oder einer Kultur angehören, die die Bewertung von Erfahrungen lehren. Aber jenseits solcher Gemeinsamkeiten und Ähnlichkeiten verläuft jedes Leben von Menschen individuell, machen Menschen individuelle Erfahrungen, bringen unterschiedliche Welten und sich selber als unterschiedliche Persönlichkeiten hervor. Und niemand von uns kann ein Recht für sich reklamieren, sich einem anderen überlegen zu fühlen. Wenn Sie diese Schlußfolgerungen akzeptieren, können Sie Ihren Blick öffnen und die unendliche Vielfalt von Möglichkeiten, in der Welt zu sein, wahrnehmen und schätzen. Sie lernen, das Anderssein des anderen genau so zu schätzen wie ihre eigene Weise, zu sein.

Wahr ist nicht, was ich meine, sondern wie meine Botschaft beim anderen ankommt!

Daß jeder Mensch seine eigene Welt hervorbringt, erklärt auch, warum Kommunikation so schwierig ist. Wenn ich einem anderen Menschen eine Botschaft übermittle, verbinde ich damit die Bedeutung, die diese Botschaft in meiner Welt besitzt. Der Empfänger meiner Botschaft versteht diese jedoch nach den Regeln und Mustern seiner Welt. Wenn ich jemandem eine Botschaft senden will, muß ich grundsätzlich berücksichtigen, daß ich nicht die Macht darüber habe, welche Bedeutung mein Gesprächspartner dieser Botschaft in seiner Welt gibt. „Wahr" ist nicht, was ich mit meiner Botschaft meine, sondern wie der Empfänger sie versteht. Ich muß deshalb fähig sein, in meiner Kommunikation grundsätzlich die im Vergleich zu meiner Welt unterschiedliche Welt des anderen zu berücksichtigen, nämlich die Wahrnehmungsgewohnheiten, Erlebensmuster und Verhaltensgewohnheiten des anderen, dessen Repertoire an Fähigkeiten, dessen Einstellungen und Identität. Deshalb ist es auch wichtig, die Verarbeitung meiner Botschaft in der Welt des anderen aufmerksam an physiologischen Reaktionen und sprachlichen Äußerungen zu verfolgen und darauf zu reagieren, bis annäherungsweise sichergestellt ist, daß es keine krasse Differenz zwischen empfangener und gesendeter Botschaft gibt. Grundsätzlich kann man eine solche Differenz nie völlig aufheben, weil auch alle Bemühungen um Verständigung immer individuell repräsentiert werden.

NLP-Grundannahmen

Einstellung: Grundsätzliche Wertschätzung des Andersseins des anderen

Kommunikation: Wahr ist nicht, was ich meine, sondern wie meine Botschaft beim anderen ankommt

und: Widerstand ist eine Aussage über den Berater

Widerstand ist eine Aussage über den Berater!

Auf diesem Hintergrund werden Ansprüche an einen NLP-Berater etwas anspruchsvoller, als wir es normalerweise gewohnt sind. Es gibt eine NLP-Grundannahme, die besagt: Widerstand ist keine Aussage über den Klienten, sondern eine Aussage über den Berater. Wenn Sie im Beratungsprozeß auf Widerstand stoßen, geht NLP davon aus, daß Sie ihn hervorgebracht haben.

Mit dieser Grundannahme haben die meisten Menschen, die NLP lernen, zunächst Schwierigkeiten. Aber wir machen zumeist die Erfahrung, daß diese Grundannahme sehr hilfreich ist, wenn wir auf Menschen Einfluß nehmen wollen. Wir machen in der Beratung nämlich sehr schnell die Erfahrung, wie hinderlich unsere Gewohnheit ist, von uns selbst auszugehen und von uns auf andere zu schließen. Menschen sind sehr verschieden. Und wenn ich Einfluß auf andere nehmen will, ist es wichtig, nicht von mir auszugehen, sondern in die Welt des anderen einzusteigen, um darin den Schlüssel zu finden, der es ermöglicht, Verhaltensänderungen zu bewirken.

Wenn ein anderer nicht einsieht und tut, was er meiner Meinung nach sollte, hat die Sache, um die es geht, in seiner Welt einen anderen Stellenwert als in meiner. Wenn ich Einfluß nehmen will, muß ich das berücksichtigen. Wenn es mir nicht gelingt, mein Gegenüber zu führen, wenn dieser Widerstand leistet, kann ich nicht ihm dafür die Verantwortung zuschreiben. Bei Widerstand im Beratungszusammenhang sind NLP-Berater gehalten, ihr eigenes Vorgehen zu überprüfen: Habe ich eine Beziehung herstellen können, die es meinem Klienten ermöglichte, mir zu vertrauen? Habe ich genügend Informationen gesammelt? Habe ich die richtige Vorgehensweise gewählt? War ich in meinem Verhalten kongruent?

Man kann diese Einsicht, daß jeder Mensch seine eigene Welt aufbaut und daß es dabei so etwas wie „Wahrheit" nicht gibt, aus der Neurophysiologie der Wahrnehmung ableiten. Wenn Sie mit NLP arbeiten, werden Sie aber immer wieder die praktische

Erfahrung machen, wie unterschiedlich menschliche Lebenswelten sind. Mit NLP können Sie lernen, das Verhalten anderer Menschen wahrzunehmen als eine andere Weise, in der Welt zu sein. Es wird Ihnen dann nur noch selten in den Sinn kommen, andere zu verurteilen, die sich anders verhalten als nach Ihren Maßstäben richtig wäre. Das Leben wird viel leichter, wenn ich anderen keine Bosheit oder Rücksichtslosigkeit mehr unterstellen muß, sondern einfach ihr Anderssein wahrnehmen und lernen kann, damit umzugehen.

Wenn es aber darum geht, andere Menschen zu unterstützen, sind diese Einsichten und Einstellungen unabdingbare Voraussetzung für die erfolgreiche Arbeit. **Weder die Haltung, etwas besser zu wissen, weder Ratschläge noch gute Argumente, ja nicht einmal das eigene gute Beispiel helfen Ihnen, andere zu unterstützen, ungewünschte mentale Muster zu überwinden. Um ein solches Ziel zu erreichen, sind Achtung, eine vertrauensvolle Beziehung, der Wille zum Lernen und wirkungsvolle Lernstrategien nötig.**

Literatur

Andreas, Connirae & Steve: *Mit Herz und Verstand. NLP für alle Fälle*. Paderborn: Junfermann, 1997[3]

Bandler, Richard; Grinder John: *Neue Wege der Kurzzeit-Therapie. Neurolinguistische Programme*. Paderborn: Junfermann, 2001[13]

Mohl, Alexa: *Der Zauberlehrling. Das NLP Lern- und Übungsbuch*. Paderborn: Junfermann, 2000[7]

O'Connor, Joseph; Seymour, John: *Neurolinguistisches Programmieren. Gelungene Kommunikation und persönliche Entfaltung*. Freiburg: VAK 1992

Rückerl, Thomas; Ehrlich, Jörn: *NLP in Action. Die Kunst des NLP als angewandte Psychologie im täglichen Leben und in der professionellen Kommunikation*. Paderborn: Junfermann, 2001[3]

Schmidt-Tanger, Martina: *Veränderungscoaching. Kompetent verändern. NLP im Changemanagement, im Einzel- & Teamcoaching*. Paderborn: Junfermann, 1999[2]

Weiß, Joseph: *Selbst-Coaching. Persönliche Power und Kompetenz gewinnen*. Paderborn: Junfermann, 1996[5]

Personen- und Stichwortregister

Notizen

Notizen

Notizen

Notizen

Notizen

**MENSCHEN –
SIND DIE ENTWICKLUNG IHRER MÖGLICHKEITEN**

• zertifizierte NLP-Practitioner-, NLP-Master-Ausbildung (DVNLP)
• Einzeltherapie, Beratung und Coaching
• Firmeninterne Seminare

Dr. Alexa Mohl Institut
Gifhorner Str. 29
30625 Hannover
Tel.: 0511–956 24 00
Fax: 0511–956 24 01
email: info@alexa-mohl.de

Termine, Preise & mehr unter:
www.alexa-mohl.de

NLP in Österreich

Österreichisches Trainingszentrum für NLP

2 Tage Einführungs-, 5 Tage Intensivseminare
30 Tage Practitioner-, 27 Tage Master Practitioner-Kurs
NLP-Professional für Coaching, Mediation und Supervision
Staatlich anerkannte Ausbildung zum Lebens- und Sozialberater
Psychotherapeutisches Propädeutikum – 12-Monate-Intensivkurs

Anerkannt vom Neuro-Linguistischen Dachverband Österreich (NLDÖ) und
der European Association for Neuro-Linguistic Psychotherapy (EANLPt)

Dr. Brigitte Gross, Dr. Siegrid Schneider-Sommer,
Dr. Helmut Jelem, Mag. Peter Schütz

A-1094 Wien, Widerhofergasse 4
Tel: +43-1-317 67 80, Fax: +43-1-317 67 81-22
eMail: info@nlpzentrum.at, Homepage: http://www.nlpzentrum.at

---

DANLP – Deutsches Ausbildungsinstitut für NLP

Altenhof 20 • D-36157 Fulda-Ebersburg

Tel.: 01 80/5 32 65 75 • Fax: 0 66 56/91 99 04
eMail: info@danlp.de • Internet: www.danlp.de

NLP-Ausbildungen:
Basis • Praktiker • Master • Trainer
Ausbildung nach DVNLP-Standard

Wir führen auch inhouse-Seminare zu Mitarbeiterführung,
Change-Management und Coaching-Ausbildungen durch.

---

e:works

intelligenter arbeiten. besser leben.

Siekerwall 15 • 33602 Bielefeld
fon 0521-174135 • fax 0521-174162
info@e-works.de

e:works bietet internetbasierte Trainings und Beratung.
www.e-works.de